Hebrew and Heritage – 4 – עִבְרִית חֲדָשָׁה לְתוֹדָעָה יְהוּדִית

Hebrew and Heritage by Pearl G. Tarnor–4

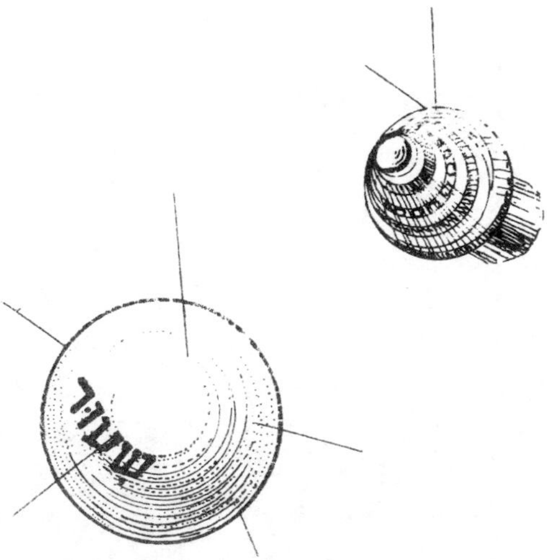

BEHRMAN HOUSE INC.

מַרְגָּלִית ג. טַרְנוֹר

עִבְרִית חֲדָשָׁה

לְתוֹדָעָה יְהוּדִית

4

Dedicated to my father, Solomon Glossman, **ז״צל**

Published by Behrman House, Inc.

Library of Congress Catalog Number 75-1812
ISBN: 0-87441-274-9
ISBN-13: 978-0-87441-274-1

MANUFACTURED IN THE UNITED STATES OF AMERICA

מַעֲשִׂים טוֹבִים

Good Deeds

שִׁעוּר רִאשׁוֹן

ΨΨΨΨΨΨΨΨΨΨΨΨΨΨΨΨΨΨΨΨΨΨΨΨΨΨΨΨΨΨ

Lesson One

רַב מוֹכֵר תַּפּוּחִים

בְּעִיר אַחַת בְּרוּסְיָה הָיָה רַב טוֹב וְחָכָם.

אִשָּׁה עֲנִיָּה בָּאָה אֶל הָרַב וְאָמְרָה: "רַבִּי, הַיּוֹם יוֹם שִׁשִּׁי, וְאֵין לִי כֶּסֶף לִקְנוֹת נֵרוֹת וְחַלּוֹת לִכְבוֹד שַׁבָּת."

הָרַב רָצָה לָתֵת כֶּסֶף לָאִשָּׁה.

הָאִשָּׁה אָמְרָה: "רַבִּי, אֲנִי עֲנִיָּה, אֲבָל אֲנִי לֹא רוֹצָה לְקַבֵּל נְדָבָה."

שָׁאַל הָרַב: "נוּ, מָה אַתְּ רוֹצָה?"

אָמְרָה הָאִשָּׁה: "אֲנִי מוֹכֶרֶת תַּפּוּחִים בַּשּׁוּק בְּכָל יוֹם שִׁשִּׁי. הַיּוֹם הַתַּפּוּחִים שֶׁלִּי לֹא יָפִים וַאֲנָשִׁים לֹא רוֹצִים לִקְנוֹת אוֹתָם."

הָרַב שָׁאַל: ״הַאִם הַתַּפּוּחִים שֶׁלָּךְ טוֹבִים? הַאִם אֶפְשָׁר לֶאֱכֹל אוֹתָם?״
הָאִשָּׁה אָמְרָה: ״כֵּן, הַתַּפּוּחִים טוֹבִים וְגַם מְתוּקִים״.
מֶה עָשָׂה הָרַב?
הוּא הָלַךְ אֶל הַשּׁוּק, וְשָׁם עָמַד עַל־יַד שֻׁלְחָן וְקָרָא: ״תַּפּוּחִים! תַּפּוּחִים! מִי רוֹצֶה לִקְנוֹת תַּפּוּחִים לִכְבוֹד שַׁבָּת?״
הָאֲנָשִׁים רָאוּ שֶׁהָרַב עוֹמֵד וּמוֹכֵר תַּפּוּחִים וְהֵם קָנוּ אוֹתָם.
הָרַב מָכַר אֶת כָּל הַתַּפּוּחִים וְנָתַן אֶת הַכֶּסֶף לָאִשָּׁה הָעֲנִיָּה וְאָמַר לָהּ: ״הִנֵּה הַכֶּסֶף לִקְנוֹת נֵרוֹת וְחַלּוֹת לִכְבוֹד שַׁבָּת.״
הָאִשָּׁה אָמְרָה: ״תּוֹדָה רַבָּה, אַתָּה בֶּאֱמֶת רַב טוֹב וְחָכָם.״

מִלּוֹן Word Power

them (m.pl.)	אוֹתָם
people, men	אֲנָשִׁים, אִישׁ
he went, walked	הָלַךְ (הלך)
she sells (f.)	מוֹכֶרֶת (מכר)
he sold	מָכַר (מכר)
sweet (m.pl.)	מְתוּקִים, מָתוֹק
donation (f.)	נְדָבָה, נְדָבוֹת
poor (f.)	עֲנִיָּה, עֲנִיּוֹת
they bought (m.pl.)	קָנוּ (קנה)
he called, read	קָרָא (קרא)
they saw	רָאוּ (ראה)
market (m.)	שׁוּק
thank you very much	תּוֹדָה רַבָּה
apples (m.pl.)	תַּפּוּחִים, תַּפּוּחַ

מַדּוּעַ? Why?

1 מַדּוּעַ בָּאָה הָאִשָּׁה אֶל הָרַב?

2 מַדּוּעַ רָצָה הָרַב לָתֵת כֶּסֶף לָאִשָּׁה?

3 מַדּוּעַ לֹא רָצוּ הָאֲנָשִׁים לִקְנוֹת תַּפּוּחִים מִן הָאִשָּׁה?

4 מַדּוּעַ קָנוּ הָאֲנָשִׁים אֶת הַתַּפּוּחִים מִן הָרַב?

5 מַדּוּעַ הָלַךְ הָרַב אֶל הַשּׁוּק?

מָה חָסֵר? *What's Missing?*

Find the Hebrew word (or words) in the Word Box that best completes each sentence. Write the word in the proper space.
Hint: You can match the Hebrew word with its English meaning.

עֲנִיָּה · נְדָבָה · תַּפּוּחִים · שׁוּק · קָנוּ · אוֹתָם · מְתוּקִים · אֲנָשִׁים · הָלַךְ · רָאוּ · קָרָא · מָכַר · מוֹכֶרֶת · תּוֹדָה רַבָּה

1 הָאִשָּׁה לֹא רוֹצָה לְקַבֵּל ______. donation

2 אִשָּׁה ______ בָּאָה אֶל הַבַּיִת. poor

3 הַיְלָדִים רוֹצִים לֶאֱכֹל ______. apples

4 הוּא אָמַר שָׁלוֹם לְכָל הָ______. people

5 הַדּוֹדָה אוֹהֶבֶת לֶאֱכֹל דְּבָרִים ______. sweet

6 הָאִישׁ ______ אֶת כָּל הָעִתּוֹנִים. sold

7 סַבָּא נוֹתֵן מַתָּנוֹת לַיְלָדִים כִּי הוּא
אוֹהֵב ______. them

8 הֵם ______ אֶת הָרַב בְּבֵית הַכְּנֶסֶת. saw

9 בְּיוֹם שִׁשִּׁי בַּבֹּקֶר אִמָּא הוֹלֶכֶת לַ______. market

10 אַבָּא נוֹתֵן לִי כֶּסֶף וַאֲנִי אוֹמֵר
לְאַבָּא: ______. thank you very much

Match each illustration with the most suitable sentence below.

( ) הָאִשָּׁה מוֹכֶרֶת תַּפּוּחִים בַּשּׁוּק.

( ) הָאִשָּׁה אוֹמֶרֶת: "הַיּוֹם יוֹם שִׁשִּׁי, וְאֵין לִי כֶּסֶף."

( ) הָאֲנָשִׁים לֹא רוֹצִים לִקְנוֹת דָּבָר.

( ) הָרַב קָרָא: "מִי רוֹצֶה לִקְנוֹת תַּפּוּחִים?"

( ) הָאִשָּׁה הוֹלֶכֶת אֶל הָרַב.

( ) הָרַב נוֹתֵן לָאִשָּׁה כֶּסֶף.

( ) הָרַב שָׁאַל: "מָה אַתְּ רוֹצָה?"

( ) הָאִשָּׁה רוֹצָה לִקְנוֹת חַלּוֹת וְנֵרוֹת לְשַׁבָּת.

בְּחַר אֶת הַמִּלָּה *Choose the Word*

Circle the word in parentheses which best completes the sentence.

1 הוּא רָצָה לָתֵת כֶּסֶף (לָאִישׁ · לָאִשָּׁה · לָרַב) הָעֲנִיָּה.

2 הָרַב אָמַר: ״הִנֵּה (הָעִיר · הַכֶּסֶף · הַשַּׁבָּת)
לִקְנוֹת נֵרוֹת״.

3 הֵם (קָנוּ · רָאוּ · אָמְרוּ) אֶת הַתַּפּוּחִים מִן הָרַב.

4 הָאִשָּׁה לֹא רוֹצָה (לִקְנוֹת · לְסַפֵּר · לְקַבֵּל) נְדָבָה.

5 הִיא אָמְרָה: ״הַתַּפּוּחִים (שֶׁלִּי · לִי · אֲנִי) לֹא יָפִים.״

כְּתֹב בְּעִבְרִית *Write in Hebrew*

1 A poor woman came to the house.
2 He sold all the apples.
3 The people do not want to buy candles.
4 What did the rabbi do?
5 He was a wise rabbi.
6 He asked: "What do you (f.s.) want?"
7 He went to the market.
8 The people bought the apples.
9 He is standing next to a table.
10 She said: "Thank you very much."

Secret Network

Your job is to penetrate the Secret Network. Find the right place to write the Hebrew words for the following English words. When you are finished, all the Hebrew words will fit into the Network.
Four Hebrew letters have been written in to help you get started. These letters should give you clues to find others. Each word fits correctly in *only one place.*

3 letter words	**4 letter words**	**5 letter words**	**6 letter word**
city	he does	he prayed	apples
he was	charity	in honor of	
market	donation	please	**7 letter word**
he gave	to receive	to be	the New Year
he took	today	to buy	
rain			

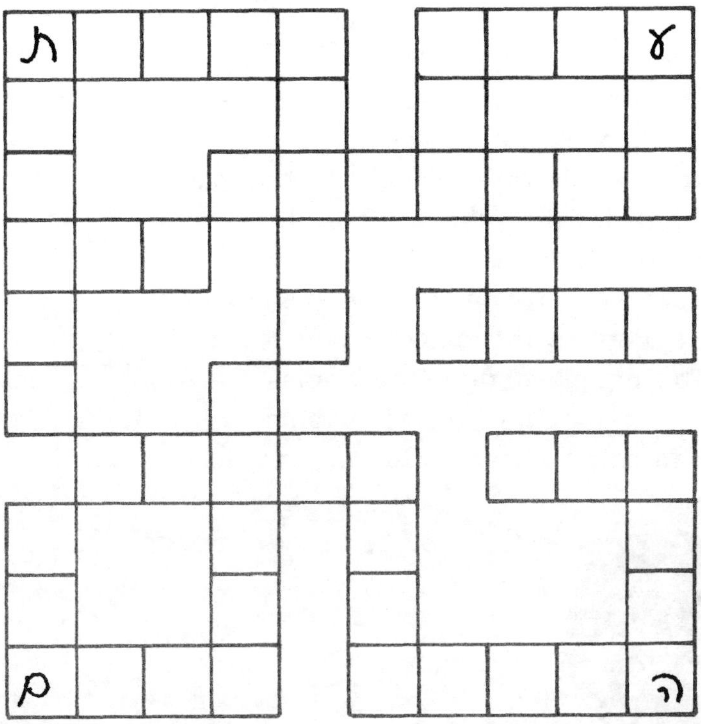

Check your answer on page 124.

There are at least ten nouns hidden in this puzzle. Read across and down, and you will discover them. Write them in the ten spaces. Some of the letters may appear in more than one word.

Hint: A noun names a person, a place, a thing or an idea. (Example: אִמָּא בַּיִת סֵפֶר צְדָקָה) If you need help you may look at the Noun Box.

1 ________ 6 ________

2 ________ 7 ________

3 ________ 8 ________

4 ________ 9 ________

5 ________ 10 ________

ח	ר	י	ע	כ	ש
ה	ב	ד	נ	א	ו
ת	ו	ל	ח	נ	ק
מ	ו	י	ה	ש	א
נ	ח	ל	ש	י	א
ת	ו	ר	נ	מ	מ

people · market · woman · city · candles · man · rabbi · donation · today · table

Extra challenge: Can you discover more nouns?

Write them here. ________________________________

____

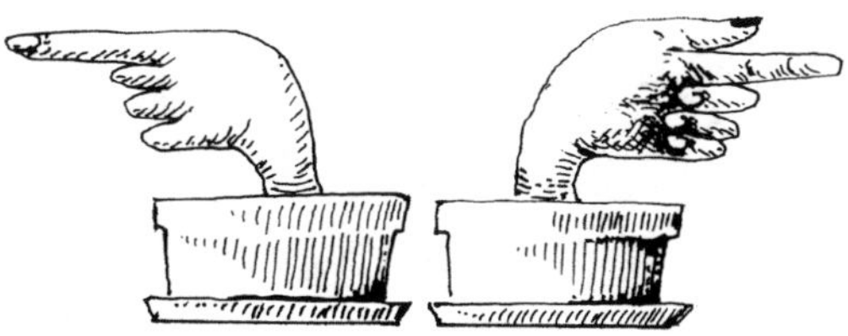

Verbs tell us what is happening in a sentence. **הַפֹּעַל** *The Verb*

These pictures show us what David is doing.
Draw a line from each verb in the Action Box to the matching illustration.

רוֹאֶה
עוֹמֵד
מוֹכֵר
הוֹלֵךְ

הָבָה נִבְנֶה מִשְׁפָּטִים *Let's Build Sentences*

You can build sentences by combining a noun and a verb. Choose from the nouns and verbs listed below. You may use a word more than once, but each sentence must be different.

Example הָאִישׁ *(noun)* הוֹלֵךְ *(verb).*

Nouns אַבָּא · הָאִישׁ · הָאָח · הָרַב

Verbs הוֹלֵךְ · עוֹבֵד · לוֹמֵד · עוֹמֵד

4 ____________ 1 ____________

5 ____________ 2 ____________

6 ____________ 3 ____________

Noun Signals

The Hebrew language has special signals to help you identify masculine and feminine nouns.
Masculine singular nouns can end in any letter.

Feminine singular nouns usually end in ָה or ֶת

When the noun ends in ִים it tells you that the noun is usually **masculine plural.**

When the noun ends in וֹת it tells you that the noun is usually **feminine plural.**

Place each noun in the appropriate signal box.

Plural		Singular	
וֹת f	ִים m	ָה ֶת f	m

חֲבֵרוֹת
מִלָּה
מַחְבֶּרֶת
פְּרָחִים
נְדָבָה
אֲנָשִׁים
אִישׁ
מַתָּנוֹת
יָמִים
יוֹם
סְפָרִים
מֶלֶךְ
חַלּוֹת
אִשָּׁה
פָּסוּק
תְּפִלּוֹת

Compare the following sentences. *Definite Nouns*

יֶלֶד הוֹלֵךְ. A boy walks.

הַיֶּלֶד הוֹלֵךְ. The boy walks.

1 How are the two Hebrew sentences different?
2 How do we express the word **the** in Hebrew?
3 How do we express the word **a** in Hebrew?

Draw a line through each Hebrew word that is definite. *What's the Greeting?*

Write the <u>second</u> letter of each of the remaining words in the blanks at the bottom of the page.
Keep the letters in the same order in which they appear so that you can discover a Hebrew greeting.

הַשּׁוּק	אִשָּׁה	הַנֵּרוֹת	שַׁבָּת	הַשֻּׁלְחָן
______	______	______	______	______
הַפְּרָחִים	הַתַּלְמִיד	הַיֶּלֶד	הַקִּדּוּשׁ	כִּתָּה
______	______	______	______	______
גֶּשֶׁם	הַבַּיִת	הַתַּפּוּחִים	מֶלֶךְ	הַכֶּסֶף
______	______	______	______	______
הַשִּׁיר	עוֹלָם	הַתְּפִלָּה	הַשֶּׁלֶט	הַנְּדָבָה
______	______	______	______	______
הַשֻּׁלְחָן	הַגִּיר	הַתַּלְמִידוֹת	שֵׁם	הַשּׁוּעָל

___ ___ ___ ___ ___ ___ ___

When do we use this greeting?
You can check your answer on page 124.

פָּנִים אֶל פָּנִים *Person to Person*

יוֹסִי: אִמָּא, אֲנִי רוֹצֶה לֶאֱכֹל, יֵשׁ עוּגָה בַּבַּיִת?

אִמָּא: לֹא, אֵין עוּגָה, אֲבָל יֵשׁ לֶחֶם.

יוֹסִי: אֲנִי לֹא רוֹצֶה לֶחֶם.

אִמָּא: יֵשׁ לִי תַּפּוּחִים מְתוּקִים בִּשְׁבִילְךָ.

יוֹסִי: לֹא, תּוֹדָה, הֵם לֹא יָפִים וַאֲנִי לֹא אוֹהֵב אוֹתָם.

אִמָּא: יוֹסִי, הַאִם אַתָּה אוֹהֵב עוּגַת תַּפּוּחִים?

יוֹסִי: כֵּן, אִמָּא, הַאִם אַתְּ רוֹצָה לַעֲשׂוֹת עוּגַת תַּפּוּחִים בִּשְׁבִילִי?

אִמָּא: יוֹסִי, אַתָּה בֶּאֱמֶת בֵּן חָכָם!

שִׁעוּר שֵׁנִי

ΨΨΨΨΨΨΨΨΨΨΨΨΨΨΨΨΨΨΨΨΨΨΨΨΨΨΨΨΨΨΨΨΨΨ

Lesson Two

מַה זֹּאת צְדָקָה?

חַיִּים הָיָה אִישׁ צַדִּיק וְעָשִׁיר, וְתָמִיד עָזַר לַאֲנָשִׁים עֲנִיִּים.
כַּאֲשֶׁר אָבַד לוֹ כָּל הָרְכוּשׁ שֶׁלּוֹ, חַיִּים הָיָה לְאִישׁ עָנִי,
וְלֹא יָכֹל לַעֲזֹר עוֹד לַאֲנָשִׁים עֲנִיִּים.
רַב יִצְחָק רָצָה לַעֲזֹר לְחַיִּים.
הָלַךְ הָרַב אֶל הַבַּיִת שֶׁל אִישׁ עָשִׁיר בְּשֵׁם צְבִי וְאָמַר לוֹ:
"צְבִי, בְּבַקָּשָׁה לָתֵת לִי נְדָבָה."
שָׁאַל צְבִי: "בִּשְׁבִיל מִי הַנְּדָבָה?"
עָנָה לוֹ רַב יִצְחָק: "בִּשְׁבִיל אִישׁ צַדִּיק."
צְבִי שָׁאַל: "מַה שֵּׁם הָאִישׁ?"

רַב יִצְחָק עָנָה: ״הַנְּדָבָה בִּשְׁבִיל אִישׁ שֶׁאָבַד לוֹ כָּל הָרְכוּשׁ שֶׁלוֹ. לָמָה אַתָּה צָרִיךְ לָדַעַת אֶת הַשֵּׁם שֶׁל הָאִישׁ?״

אָמַר הָאִישׁ הֶעָשִׁיר: ״אֲנִי נוֹתֵן לְךָ מֵאָה דוֹלָרִים. אֲבָל אִם אֲנִי יוֹדֵעַ מִי הָאִישׁ — אֶתֵּן לְךָ שְׁלֹשׁ מֵאוֹת דוֹלָרִים.״

אָמַר הָרַב: ״לֹא!״

הָאִישׁ הֶעָשִׁיר שָׁאַל: ״וְאִם אֶתֵּן לְךָ אַרְבַּע מֵאוֹת דוֹלָרִים?״

הָרַב עָנָה לוֹ: ״לֹא, אִי־אֶפְשָׁר.״

אָמַר צְבִי: ״אֶתֵּן לְךָ נְדָבָה שֶׁל חֲמֵשׁ מֵאוֹת דוֹלָרִים.״

אָמַר רַב יִצְחָק: ״אֲנִי רוֹאֶה שֶׁאַתָּה לֹא מֵבִין מַה זֹּאת צְדָקָה. כַּאֲשֶׁר אִישׁ נוֹתֵן נְדָבָה לֶעָנִי, וְהוּא לֹא יוֹדֵעַ לְמִי הוּא נוֹתֵן אֶת הַנְּדָבָה, וְהֶעָנִי לֹא יוֹדֵעַ מִמִּי בָּאָה הַנְּדָבָה — זֹאת הִיא בֶּאֱמֶת צְדָקָה.״

וְהָרַב יָצָא מִן הַבַּיִת בְּלִי נְדָבָה.

מִלּוֹן *Word Power*

he lost	אָבַד לוֹ
four (f.)	אַרְבַּע
I shall give	אֶתֵּן (נתן)
he became	הָיָה לְ...
five (f.)	חָמֵשׁ
he went out	יָצָא (יצא)
he takes	לוֹקֵחַ (לקח)
hundred (f.)	מֵאָה, מֵאוֹת
he understands	מֵבִין
he helped	עָזַר (עזר)
he answered	עָנָה (ענה)
righteous (adj.)	צַדִּיק, צַדִּיקִים
possessions, wealth (m.)	רְכוּשׁ
always	תָּמִיד

חַפֵּשׂ אֶת הַמִּלָּה *Hunt the Word*

Circle the Hebrew word that means the same as the English word or words on the right.

wealth	1	לָאִישׁ יֵשׁ רְכוּשׁ גָּדוֹל.
I shall give	2	״אֶתֵּן לְךָ נְדָבָה גְדוֹלָה.״
always	3	הוּא תָּמִיד נוֹתֵן צְדָקָה לָעֲנִיִּים.
answered	4	הוּא עָנָה: ״הַכֶּסֶף בִּשְׁבִיל אִישׁ עָנִי.״
hundred	5	הוּא רָצָה לָתֵת לָרַב מֵאָה דוֹלָרִים.
took	6	הָרַב לֹא לָקַח כֶּסֶף מִן הָאִישׁ הֶעָשִׁיר.
understands	7	הַמּוֹרֶה מֵבִין מַה זֹּאת צְדָקָה.
went out	8	הוּא יָצָא מִן הַבַּיִת וְהָלַךְ לְבֵית הַכְּנֶסֶת.

מַה הַסּוֹף? What's the End?

Put a check mark next to the phrase which best completes each sentence, according to the story.

1 רַב יִצְחָק בָּא אֶל הָאִישׁ הֶעָשִׁיר כִּי...

א אָבַד לוֹ כָּל הַכֶּסֶף.

ב הוּא רָצָה לָתֵת לוֹ כֶּסֶף.

ג הוּא רָצָה נְדָבָה.

2 לְחַיִּים אָבַד כָּל הָרְכוּשׁ...

א וְהוּא הָיָה לְאִישׁ עָנִי.

ב וְהוּא עָזַר לָאִישׁ הֶעָשִׁיר.

ג וְהָיוּ לוֹ מֵאָה דוֹלָרִים.

3 רַב יִצְחָק אָמַר לָאִישׁ הֶעָשִׁיר:

א "הַנְּדָבָה בִּשְׁבִילִי."

ב "אֵין אַתָּה מֵבִין מַה זֹּאת צְדָקָה."

ג "אֲנִי רוֹצֶה חֲמֵשׁ מֵאוֹת דוֹלָרִים."

4 הֶעָשִׁיר אָמַר: "אִם אֲנִי יוֹדֵעַ אֶת שֵׁם הֶעָנִי...

א אֲנִי אֶתֵּן לְךָ אֶת הַבַּיִת שֶׁלִּי."

ב אֲנִי אֶתֵּן נְדָבָה גְּדוֹלָה."

ג אֲנִי אֶתֵּן כֶּסֶף לְכָל אִישׁ."

Match each illustration with the most suitable sentence below.

- אָבַד לוֹ כָּל הָרְכוּשׁ שֶׁלּוֹ. ( )
- חַיִּים תָּמִיד עָזַר לַאֲנָשִׁים עֲנִיִּים. ( )
- הָאִישׁ הֶעָשִׁיר נָתַן לָרַב חֲמֵשׁ מֵאוֹת דוֹלָרִים. ( )
- הָרַב אָמַר לָאִישׁ: "בְּבַקָּשָׁה לָתֵת לִי נְדָבָה." ( )
- הָאִישׁ הֶעָשִׁיר אָמַר: ( )
"אֲנִי אֶתֵּן לְךָ אַרְבַּע מֵאוֹת דוֹלָרִים."
- הָאִישׁ הֶעָנִי לֹא יוֹדֵעַ מִי נָתַן לוֹ נְדָבָה. ( )
- הָאִישׁ הֶעָשִׁיר מֵבִין אֶת הַסִּפּוּר. ( )
- הָרַב יָצָא מִן הַבַּיִת בְּלִי נְדָבָה. ( )

כֵּן אוֹ לֹא True or False

Next to each sentence write כֵּן *or* לֹא.

1 צָרִיךְ לָתֵת נְדָבָה לְאִישׁ עָשִׁיר. ______

2 אִישׁ עָנִי נָתַן כֶּסֶף לְרַב יִצְחָק. ______

3 הָרַב רוֹצֶה כֶּסֶף בִּשְׁבִיל אִישׁ עָנִי. ______

4 הָאִישׁ הֶעָשִׁיר רוֹצֶה לָדַעַת אֶת הַשֵּׁם שֶׁל הָרַב. ______

5 לְאִישׁ עָשִׁיר יֵשׁ רְכוּשׁ. ______

6 רַב יִצְחָק רָצָה לַעֲזוֹר לְחַיִּים. ______

7 כָּל אֶחָד נָתַן מֵאָה דוֹלָרִים לְרַב יִצְחָק. ______

8 רַב יִצְחָק מֵבִין מַה זֹּאת צְדָקָה. ______

כְּתֹב בְּעִבְרִית Write in Hebrew

1 Please give me a donation.
2 I want to know his name.
3 He always helped poor people.
4 He wants four hundred dollars.
5 He was a righteous man.
6 He lost his wealth.
7 The rabbi went out of the house.
8 You do not understand.

תֹּאַר הַשֵּׁם *The Adjective*

An adjective is a word that tells us about or describes a noun.
In Hebrew, the adjective follows the noun it describes.
The adjective always **agrees** with its noun; it has a masculine or feminine ending and is singular or plural.
The adjective forms its plural the way a noun does.

	Singular	Plural
Masculine	מֹשֶׁה יֶלֶד **טוֹב.**	מֹשֶׁה וְדָוִד יְלָדִים **טוֹבִים.**
Feminine	לֵאָה יַלְדָּה **טוֹבָה.**	לֵאָה וְרָחֵל יְלָדוֹת **טוֹבוֹת.**

Find the adjective that agrees with the noun and write it in the blank space. Do you understand what each sentence means?

1 דָּוִד תַּלְמִיד ________. — חָכָם / חֲכָמָה / חֲכָמִים / חֲכָמוֹת

2 בְּיוֹם שִׁשִּׁי אִמָּא אוֹפָה חַלּוֹת ______. — גָּדוֹל / גְּדוֹלָה / גְּדוֹלִים / גְּדוֹלוֹת

3 הָרַב נוֹתֵן כֶּסֶף לַאֲנָשִׁים ________. — עָנִי / עֲנִיָּה / עֲנִיִּים / עֲנִיּוֹת

4 הוּא אוֹכֵל תַּפּוּחַ ________. — קָטָן / קְטַנָּה / קְטַנִּים / קְטַנּוֹת

5 הַחֲבֵרִים קָנוּ עוּגָה ________. — מָתוֹק / מְתוּקָה / מְתוּקִים / מְתוּקוֹת

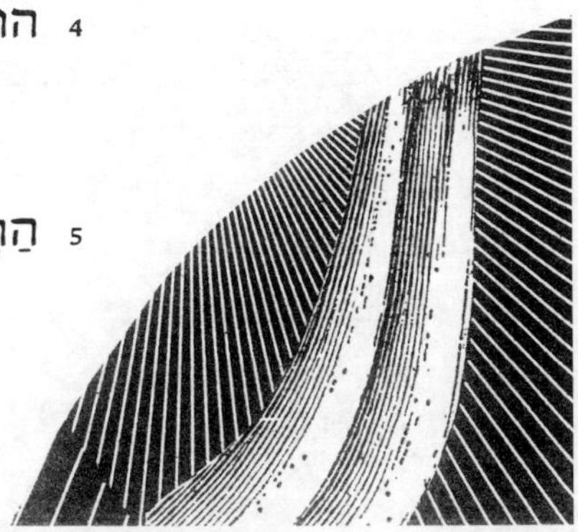

הָבָה נִבְנֶה מִשְׁפָּטִים עֲרוּכִּים

Let's Build Long Sentences

Choose one word from each column and write five sentences. You may use a word more than once.

In each sentence you build, you will be using a noun (subject) from column א, a verb from column ב, a noun (object) from column ג, and an adjective from column ד.

א	ב	ג	ד
יַעֲקֹב	אוֹהֵב	כֶּלֶב	יָפֶה.
noun	verb	noun	adjective

א **Noun (subj.)**	ב **Verb**	ג **Noun (obj.)**	ד **Adjective**
הַמּוֹרֶה		סִדּוּר	גָּדוֹל
הַבֵּן	רוֹצֶה	בַּיִת	קָטָן
הַתַּלְמִיד	אוֹהֵב	עִפָּרוֹן	יָפֶה
יַעֲקֹב		כֶּלֶב	חָדָשׁ

1 ______________________________

2 ______________________________

3 ______________________________

4 ______________________________

5 ______________________________

There are at least eight Hebrew sentences hidden in this puzzle.

Find the sentence and circle it. Write each sentence next to its English equivalent. Follow the example.

ד	מ	ו	ל	ד	י	מ	ל	ת	ה
ן	ב	ה	ב	א	ד	ל	י	ה	א
ה	נ	ד	מ	ו	ע	א	י	ה	ב
ו	ח	ק	ל	ה	ד	ב	ו	ע	א
ל	א	י	ה	ם	ה	ה	ש	א	ה
ך	ם	י	צ	ר	י	ר	א	ה	ה
ה	ה	ל	ו	ח	א	ו	ח	י	ה
ב	ת	ו	נ	ק	ל	צ	ב	ו	י
י	ל	ה	ב	ד	נ	ה	ת	ש	א
ת	ו	י	ב	מ	ת	ר	כ	ו	מ
ה	ם	י	ח	ר	פ	ם	י	ל	ש

1 Father works. אַבָּא עוֹבֵד

2 She is sick. ______

3 The boy is standing. ______

4 The student is studying. ______

5 They are running. ______

6 The son walks home. ______

7 The woman wants a donation. ______

8 She is selling flowers. ______

צְבִי רוֹאֶה בַּיִת.   צְבִי רוֹאֶה אֶת הַבַּיִת.

Are the two sentences the same?
How are they different?
What special job does the word אֶת have?

A Secret Letter

Complete the following sentences by selecting the missing words from the Word Box. First, write the correct word in the blank space. Then *__shade in the word__* *you have used in the Word Box.*
You will discover that the shaded area has been hiding a secret letter of the Hebrew alphabet.

1 אִמָּא מַדְלִיקָה ______.

2 הַדּוֹד שׁוֹתֶה ______.

3 אַבָּא קוֹרֵא ______.

4 רָחֵל אוֹמֶרֶת:
"אֲנִי אוֹהֶבֶת אֶת ______."

5 מֹשֶׁה לֹא שָׁמַע אֶת ______.

6 סַבְתָּא אוֹפָה ______ טוֹבוֹת.

7 הַתַּלְמִידָה רוֹצָה לִכְתֹּב;
הִיא רוֹצָה אֶת ______.

8 מִי מוֹכֵר אֶת ______ הַיָּפִים?

9 בְּכָל בֹּקֶר מִרְיָם אוֹכֶלֶת ______.

10 הַאִם אַתָּה רוֹצֶה
אֶת ______ הַגְּדוֹלָה?

הַפְּרָחִים	הַמַּתָּנָה	יַיִן
הַיַּיִן	דּוֹדָה	לֶחֶם
חַלּוֹת	פְּרָחִים	הַגִּיר
נֵרוֹת	הַלֶּחֶם	הַסִּפּוּר
הַדּוֹדָה	הַנֵּרוֹת	עִתּוֹן

The secret letter is ___.

You may check your answer on page 124.

מִסְפָּרִים Numbers

Numbers, in Hebrew, have masculine and feminine forms. Numbers usually come before the noun.
For example עַל הַשֻּׁלְחָן יֵשׁ שָׁלשׁ חַלּוֹת.

The number אַחַת comes after the noun.
For example עַל הַשֻּׁלְחָן יֵשׁ חַלָּה אַחַת.

These are the feminine numbers that are used with feminine nouns.

1 – אַחַת   3 – שָׁלשׁ   5 – חָמֵשׁ   7 – שֶׁבַע   9 – תֵּשַׁע

2 – שְׁתַּיִם   4 – אַרְבַּע   6 – שֵׁשׁ   8 – שְׁמוֹנֶה   10 – עֶשֶׂר

In each sentence, write the number in word form.

1 לְרָחֵל יֵשׁ ________ (4) דוֹדוֹת.

2 הוּא אוֹכֵל אֲרוּחָה ________ (1).

3 אַבָּא רוֹצֶה לִקְנוֹת ________ (6) מַתָּנוֹת.

4 בַּכִּתָּה שֶׁלִּי יֵשׁ ________ (9) תַּלְמִידוֹת.

5 בַּבַּיִת הָיוּ ________ (5) חֲבֵרוֹת.

What's the next number?

1 עוּגָה אַחַת, שְׁתֵּי* עוּגוֹת, ________ עוּגוֹת.

2 שְׁתֵּי* מוֹרוֹת, אַרְבַּע מוֹרוֹת, ________ מוֹרוֹת.

3 תַּלְמִידָה אַחַת, שָׁלשׁ תַּלְמִידוֹת, ________ תַּלְמִידוֹת.

4 שֵׁשׁ יְלָדוֹת, שְׁמוֹנֶה יְלָדוֹת, ________ יְלָדוֹת.

* *When the number* שְׁתַּיִם *is followed by a noun it is shortened to* שְׁתֵּי.

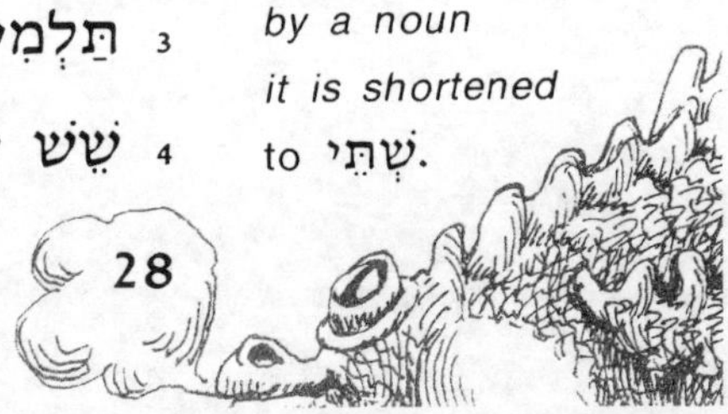

פָּנִים אֶל פָּנִים *Person to Person*

רְאוּבֵן: אַבָּא, הַאִם אַתָּה יָכוֹל לָתֵת לִי כֶּסֶף? הַיּוֹם אֲנִי רוֹצֶה לָתֵת כֶּסֶף לְקֶרֶן עַמִּי.

אַבָּא: סַבָּא נָתַן לְךָ כֶּסֶף. מַה קָּרָה לַכֶּסֶף?

רְאוּבֵן: אֲנִי לֹא יוֹדֵעַ אֵיפֹה הַכֶּסֶף, אָבַד לִי הַכֶּסֶף.

אַבָּא: אָבַד לְךָ הַכֶּסֶף? אֲנִי לֹא מֵבִין, הַאִם יֵשׁ חוֹר בַּכִּיס שֶׁלְּךָ?

רוֹנִי (הָאָח הַקָּטָן): אַבָּא, אֵין חוֹר בַּכִּיס שֶׁלּוֹ. רְאוּבֵן תָּמִיד לֹא יוֹדֵעַ אֵיפֹה שָׂם אֶת הַדְּבָרִים שֶׁלּוֹ.

אַבָּא: נוּ, רוֹנִי, הַאִם אַתָּה יוֹדֵעַ אֵיפֹה רְאוּבֵן שָׂם אֶת הַכֶּסֶף?

רוֹנִי: הַכֶּסֶף בַּחֶדֶר שֶׁלָּנוּ. רְאוּבֵן שָׂם אֶת הַכֶּסֶף עַל הַשֻּׁלְחָן הַקָּטָן.

רְאוּבֵן: נָכוֹן, רוֹנִי! אֲנִי לֹא יוֹדֵעַ אֵיפֹה הַדְּבָרִים שֶׁלִּי, אֲבָל יֵשׁ לִי אָח שֶׁתָּמִיד עוֹזֵר לִי.

שִׁעוּר שְׁלִישִׁי

ΨΨΨΨΨΨΨΨΨΨΨΨΨΨΨΨΨΨΨΨΨΨΨΨΨΨΨΨΨΨΨΨΨ

Lesson Three

כִּבּוּד אֵם

מִרְיָם שׁוּלְמַן וְהַחֲבֵרָה שֶׁלָּהּ, רָחֵל כֹּהֵן, בָּאוּ לַחֲנוּת
לִקְנוֹת אֹכֶל. גַּם חַנָּה לֵוִין בָּאָה לִקְנוֹת אֹכֶל.
מִרְיָם אָמְרָה לְחַנָּה: "חַנָּה, בְּבַקָּשָׁה לְהַכִּיר
אֶת הַחֲבֵרָה שֶׁלִּי — רָחֵל כֹּהֵן."
חַנָּה אָמְרָה: "שָׁלוֹם רָחֵל, נָעִים מְאֹד."
הַנָּשִׁים קָנוּ אֹכֶל וְהָלְכוּ הַבַּיְתָה. לְכָל אִשָּׁה הָיָה שַׂק מָלֵא
אֹכֶל.

בַּדֶּרֶךְ הַבַּיְתָה, חַנָּה אָמְרָה: ״הַשַּׂק שֶׁלִּי כָּבֵד מְאֹד.״
מִרְיָם אָמְרָה: ״הַאִם אַתֶּן רוֹצוֹת לָשֶׁבֶת שָׁם בַּגַּן?״
חַנָּה וְרָחֵל אָמְרוּ: ״כֵּן.״
הַנָּשִׁים הָלְכוּ לַגַּן וְיָשְׁבוּ שָׁם.

אִישׁ זָקֵן בָּא לַגַּן וְשָׁאַל: ״אֶפְשָׁר לָשֶׁבֶת פֹּה?״
אָמְרוּ הַנָּשִׁים: ״בְּבַקָּשָׁה לָשֶׁבֶת.״
מִרְיָם אָמְרָה: ״הַבֵּן שֶׁלִּי חָזָק מְאֹד. הוּא אוֹהֵב לְשַׂחֵק בְּכַדּוּר־רֶגֶל.״
רָחֵל אָמְרָה: ״לַבֵּן שֶׁלִּי יֵשׁ קוֹל נָעִים. הוּא תָּמִיד אוֹהֵב לָשִׁיר שִׁירִים.״
חַנָּה לֵוִין לֹא אָמְרָה דָּבָר.
הַזָּקֵן יָשַׁב וְשָׁמַע.
שָׁאַל הַזָּקֵן אֶת חַנָּה: ״הַאִם יֵשׁ לָךְ בֵּן?״
אָמְרָה חַנָּה: ״כֵּן, יֵשׁ לִי בֵּן.״
שָׁאַל הַזָּקֵן: ״נוּ, מַדּוּעַ אַתְּ לֹא מְסַפֶּרֶת עַל הַבֵּן שֶׁלָּךְ?״
חַנָּה אָמְרָה: ״מַה יֵּשׁ לְסַפֵּר? הַבֵּן שֶׁלִּי הוּא בֵּן כְּמוֹ כָּל הַבָּנִים.״
מִרְיָם אָמְרָה: ״אֲנִי רוֹאָה אֶת הַבָּנִים שֶׁלָּנוּ! הֵם רָצִים שָׁם בַּגַּן.״
בֵּן אֶחָד רָץ וּמְשַׂחֵק בְּכַדּוּר־רֶגֶל. בֵּן שֵׁנִי רָץ וְשָׁר שִׁירִים. הַבֵּן הַשְּׁלִישִׁי רָאָה אֶת אִמּוֹ, רָץ אֶל אִמּוֹ, לָקַח אֶת הַשַּׂק שֶׁלָּהּ, וְאָמַר: ״אִמָּא, אֲנִי לוֹקֵחַ אֶת הַשַּׂק הַבַּיְתָה.״

אָמְרוּ הַנָּשִׁים לַזָּקֵן: ״נוּ, אַתָּה רוֹאֶה, הִנֵּה הַבָּנִים שֶׁלָּנוּ. שְׁלֹשָׁה בָּנִים יָפִים.״
אָמַר הַזָּקֵן: ״שְׁלֹשָׁה בָּנִים? אֲנִי רוֹאֶה רַק בֵּן אֶחָד.״

מִלּוֹן *Word Power*

אֹכֶל	food (m.)
אֵם, אִמָּהוֹת	mother
אִמּוֹ (אֵם+שֶׁלּוֹ)	his mother
אָמְרָה (אמר)	she said
זָקֵן, זְקֵנִים	old (adj.)
חָזָק, חֲזָקִים	strong (adj.)
יָשַׁב (ישב)	he sat
יָשְׁבוּ (ישב)	they sat
כָּבֵד, כְּבֵדִים	heavy (adj.)
כָּבוֹד	respect, honor (n.)
לָקַח (לקח)	he took
לָשֶׁבֶת (ישב)	to sit
מָלֵא, מְלֵאִים	full (adj.)
מְסַפֶּרֶת (ספר)	she tells
מְשַׂחֵק (שחק)	he plays
נָשִׁים, אִשָּׁה	women
רָאָה (ראה)	he saw
רוֹאָה (ראה)	she sees
רָץ (רוץ)	he ran
שַׂק, שַׂקִּים	sack, bag (m.)
שָׁר, שָׁרִים (שיר)	he sings

מִי? מַה? אֵיפֹה? *Who? What? Where?*

1 אֵיפֹה קָנוּ הַנָּשִׁים אֶת הָאֹכֶל?
2 לְאָן הָלְכוּ הַנָּשִׁים?
3 מִי יָשַׁב עַל־יַד הַנָּשִׁים?
4 מָה אָמְרָה חַנָּה עַל הַבֵּן שֶׁלָּהּ?
5 כַּמָּה בָּנִים רָאָה הַזָּקֵן בַּגַּן?

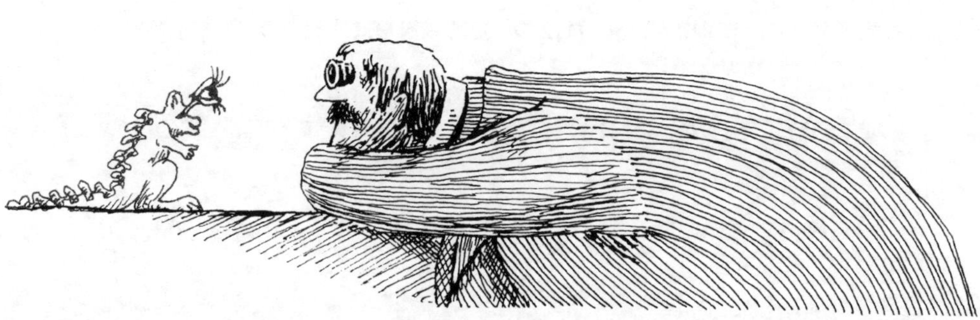

כֵּן אוֹ לֹא True or False

Next to each sentence write כֵּן *or* לֹא.

1 מִרְיָם, רָחֵל וְחַנָּה רוֹצוֹת לָשֶׁבֶת בַּגַּן. ______

2 הַשַּׂק שֶׁל חַנָּה מָלֵא סְפָרִים. ______

3 מִרְיָם וְהַחֲבֵרָה שֶׁלָּהּ קָנוּ אֹכֶל בַּחֲנוּת. ______

4 מִרְיָם רוֹאָה אֶת הַבֵּן שֶׁלָּהּ בַּגַּן. ______

5 הַזָּקֵן אָמַר שֶׁהוּא אוֹהֵב לָשִׁיר. ______

6 חַנָּה אָמְרָה: ״אֲנִי לֹא יְכוֹלָה לָשֶׁבֶת בַּגַּן.״ ______

7 אֵם אַחַת אָמְרָה שֶׁהַבֵּן שֶׁלָּהּ חָזָק מְאֹד. ______

8 חַנָּה אָמְרָה: ״הַבֵּן שֶׁלִּי בֵּן כְּמוֹ
כָּל הַבָּנִים.״ ______

9 הַבֵּן שֶׁל חַנָּה לָקַח אֶת הַשַּׂק שֶׁלָּהּ. ______

10 הַזָּקֵן אָמַר שֶׁהוּא רוֹאֶה רַק שְׁנֵי בָּנִים. ______

בְּחַר אֶת הַמִּלָּה Choose the Word

Circle the word in parentheses which best completes the sentence.

1 בְּרֹאשׁ הַשָּׁנָה בֵּית־הַכְּנֶסֶת (מָלֵא · גָּדוֹל · מְאֹד) אֲנָשִׁים.

2 הִיא הָלְכָה (לַבַּיִת · לַחֲנוּת · לַגַּן) לִקְנוֹת אֹכֶל.

3 הָאִישׁ (יָשַׁב · רָאָה · אָמַר) אֶת הַנָּשִׁים וְהַבָּנִים בַּגַּן.

4 הַבֵּן שֶׁלָּהּ (בָּא · רָץ · שָׁר) שִׁירִים יָפִים.

5 ״בְּבַקָּשָׁה (לָשֶׁבֶת · לְכַבֵּד · לְהַכִּיר) פֹּה עַל־יַד הַדֶּלֶת.״

Check the sentence which best describes the illustration.

( ) הָאֵם רוֹצָה לָתֵת מַחְבֶּרֶת לַבֵּן.

( ) הוּא לוֹקֵחַ אֶת הַשַּׂק מֵאִמּוֹ.

( ) אָבַד לוֹ שַׂק גָּדוֹל.

( ) הָאִשָּׁה רוֹצָה לַעֲזֹר לָאִישׁ הַזָּקֵן.

( ) הָאִישׁ הַזָּקֵן עָמַד בָּרְחוֹב.

( ) הָאִישׁ הַזָּקֵן יָשַׁב עַל־יַד הַדֶּלֶת.

( ) הַבֵּן מְשַׂחֵק בְּכַדּוּר־רֶגֶל.

( ) הַבֵּן שָׁר שִׁיר.

( ) הַבֵּן מְדַבֵּר אֶל הָאֵם.

( ) הַנָּשִׁים יָשְׁבוּ בַּבַּיִת.

( ) הַנָּשִׁים הָלְכוּ לַגַּן.

( ) הַנָּשִׁים בָּאוּ לַחֲנוּת.

כְּתֹב בְּעִבְרִית *Write in Hebrew*

1 Miriam sees her friend.
2 The old man took the basket.
3 His uncle is very strong.
4 The Cantor sings the prayers.
5 They bought food for me.
6 The women sat in the synagogue.
7 Sara tells the story to six girls.
8 She wants to sit next to a foolish boy.

Here's a puzzle for you!

Find the Mitzvah

By choosing a letter in each line, according to the hint given, you'll discover an important mitzvah.
Write the letters in the blank squares beside each line and discover the mitzvah. Follow the example.

1 הָאוֹת שֶׁבַּמִּלָּה כַּדּוּר וְגַם בַּמִּלָּה מַלְכָּה. [כּ]
2 הָאוֹת שֶׁבַּמִּלָּה אַבָּא וְלֹא בַּמִּלָּה אִמָּא. [ ]
3 אֲנִי בַּמִּלָּה שׁוּק וְגַם בַּמִּלָּה תַּפּוּחַ. [ ]
4 הָאוֹת שֶׁבַּמִּלָּה דֶּלֶת וְגַם בַּמִּלָּה כַּבֵּד. [ ]
5 הָאוֹת שֶׁבַּמִּלָּה אֶרֶץ וְלֹא בַּמִּלָּה רָץ. [ ]
6 הָאוֹת שֶׁבַּמִּלָּה בָּתִּים וְלֹא בַּמִּלָּה בַּיִת. [ ]

★ Check your answer on page 124.

כִּנּוּיֵי הַגּוּף *Pronouns*

A pronoun is a word that stands for or is used in place of a noun. It is a substitute for a noun.

For example **מֹשֶׁה** לוֹמֵד עִבְרִית. **הוּא** לוֹמֵד עִבְרִית.

You can use the pronoun הוּא instead of the proper noun מֹשֶׁה.

Personal Pronouns, Singular

Masculine	זָכָר	**Feminine**	נְקֵבָה
I	אֲנִי	I	אֲנִי
you	אַתָּה	you	אַתְּ
he	הוּא	she	הִיא

Personal Pronouns, Plural

Masculine	זְכָרִים	**Feminine**	נְקֵבוֹת
we	אֲנַחְנוּ	we	אֲנַחְנוּ
you	אַתֶּם	you	אַתֶּן
they	הֵם	they	הֵן

Did you notice that the pronouns אֲנִי and אֲנַחְנוּ are the same in the masculine and feminine?

Find the Pronouns

In this puzzle there are some hidden pronouns.
Look across (right to left) to find the singular pronouns.
Look down to find the plural pronouns.
Circle the pronouns as you find them and write them down.

א ת ה ו א

נ א נ י ת

ח ת א ת מ

נ נ ה י א

ו א מ ת ה

Across:	*Down:*
1 ________	1 ________
2 ________	2 ________
3 ________	3 ________
4 ________	4 ________
5 ________	5 ________

The words in **bold** print in the following sentences are verbs.

1 הַיֶּלֶד **לוֹמֵד** עִבְרִית. 2 הַיַּלְדָּה **לוֹמֶדֶת** עִבְרִית.

3 הַיְלָדִים **לוֹמְדִים** עִבְרִית. 4 הַיְלָדוֹת **לוֹמְדוֹת** עִבְרִית.

Can you find the same three letters (consonants) which are present in each of the four verbs?
Write the three letters. ___ ___ ___

In Hebrew, the verb usually has three letters.
We call these three letters the **root** of the verb.
The Hebrew word for root is **שֹׁרֶשׁ**.

We use the שֹׁרֶשׁ of the verb to build different forms of the verb. In the first example above, we added the vowel וֹ to the root למד after the ל and we placed the vowel ֵ under the מ. These two vowels serve as signs and help us recognize the present tense (time) masculine, singular verb.
Can you think of other verbs which follow the same pattern □ֵ□וֹ□? ________ ________ ________

________ ________ ________

In the present tense, the verb has four forms.

לוֹמֵד	masculine singular
לוֹמֶדֶת	feminine singular
לוֹמְדִים	masculine plural
לוֹמְדוֹת	feminine plural

Do you know the pronouns which are used with each verb form?
Program the computer, and match the pronouns to the four verb forms.

Write the correct pronouns in the print-out spaces beside each verb:

feminine singular

נְקֵבָה

____

לוֹמֶדֶת __________

____

masculine singular

זָכָר

____

לוֹמֵד __________

____

feminine plural

רַבּוֹת

____

לוֹמְדוֹת __________

____

masculine plural

רַבִּים

____

לוֹמְדִים __________

____

מַה מַּתְאִים? *What Fits?*

Complete each sentence with the correct form of the verb.

מוֹכֵר | מוֹכֶרֶת | מוֹכְרִים | מוֹכְרוֹת

1 הָאִישׁ ________ סְפָרִים.

2 הִיא ________ תַּפּוּחִים בַּשּׁוּק.

3 הַאִם הֵם ________ אֶת הַבַּיִת?

4 מַדּוּעַ אַתָּה ________ פְּרָחִים קְטַנִּים?

5 הַתַּלְמִידוֹת ________ עוּגוֹת.

מַה לֹּא מַתְאִים? *Misfits*

Find the verb which best completes each sentence. Cross-out the misfit. Follow the example.

1 אֲנַחְנוּ (הוֹלֵךְ · הוֹלְכִים) הַבַּיְתָה.

2 הוּא (נוֹתֵן · נוֹתְנִים) נְדָבָה.

3 אִמָּא (אוֹמֶרֶת · אוֹמְרוֹת) "אִי אֶפְשָׁר לְשַׂחֵק בַּבַּיִת."

4 הָאֲנָשִׁים (לוֹקֵחַ · לוֹקְחִים) אֶת הַכַּרְטִיסִים.

5 הָרַב (שׁוֹאֵל · שׁוֹאֶלֶת) "מִי יוֹדֵעַ מַה זֶּה כִּבּוּד אֵם?"

6 הַחֲבֵרוֹת (לוֹמְדִים · לוֹמְדוֹת) בַּכִּתָּה.

ל״ט

To show possession or ownership in Hebrew, we use the following pattern. *Possession*

הַסֵּפֶר שֶׁל יוֹסֵף — Joseph's book

הַסֵּפֶר שֶׁל הַמּוֹרֶה — The teacher's book

In Hebrew, the word שֶׁל is used to show possession or ownership.

The word order is the reverse of English. In Hebrew we say the book of Joseph (the book belonging to Joseph).

Joseph told his mother that the things on the floor in his room belong to different people. Write the Hebrew phrase that shows to whom these items belong.

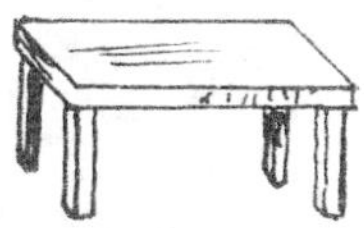

1 יְהוּדָה

3 הָרַב

5 הַדּוֹדָה

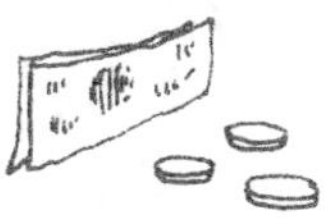

7 מֵאִיר

2 בִּנְיָמִין

4 הַמּוֹרֶה

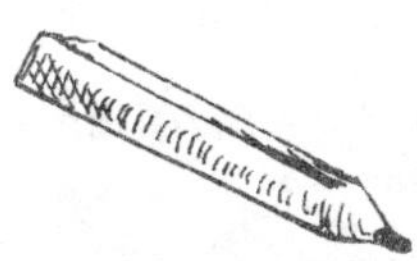

6 דְּבוֹרָה

8 הָאָח

1 הַשֻּׁלְחָן שֶׁל יְהוּדָה. ______

2 ______

3 ______

4 ______

5 ______

6 ______

7 ______

8 ______

פָּנִים אֶל פָּנִים *Person to Person*

דָּוִד: הַאִם אַתָּה רוֹצֶה לְשַׂחֵק בְּכַדּוּר־רֶגֶל?

נַחוּם: דָּוִד, אֲנִי לֹא יָכוֹל לְשַׂחֵק בְּכַדּוּר־רֶגֶל הַיּוֹם. אֲנִי רוֹצֶה לָלֶכֶת לַחֲנוּת לִקְנוֹת פְּרָחִים.

דָּוִד: בִּשְׁבִיל מִי הַפְּרָחִים?

נַחוּם: בִּשְׁבִיל אִמָּא.

דָּוִד: הַאִם הִיא חוֹלָה?

נַחוּם: לֹא, הִיא לֹא חוֹלָה.

דָּוִד: לָמָה אַתָּה רוֹצֶה לָתֵת לָהּ פְּרָחִים?

נַחוּם: בְּיוֹם שִׁשִּׁי, אַבָּא תָּמִיד בָּא הַבַּיְתָה עִם פְּרָחִים לִכְבוֹד שַׁבָּת. הַיּוֹם הוּא לֹא בָּעִיר. אִמּוֹ חוֹלָה וְהוּא הָלַךְ לִרְאוֹת אוֹתָהּ. הַיּוֹם אֲנִי רוֹצֶה לִקְנוֹת פְּרָחִים לִכְבוֹד שַׁבָּת וְלִכְבוֹד אִמָּא.

שִׁעוּר רְבִיעִי

Lesson Four

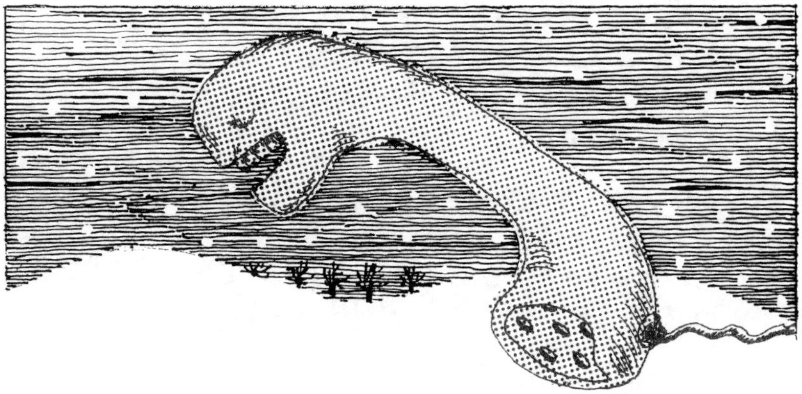

כִּבּוּד אָב

עֶרֶב. אָדוֹן גוֹרְדוֹן בָּא הַבַּיְתָה וְאוֹמֵר שֶׁהוּא עָיֵף מְאֹד.
גְבֶרֶת גוֹרְדוֹן אוֹמֶרֶת לוֹ שֶׁאִם הוּא עָיֵף, הוּא צָרִיךְ לָנוּחַ.
אָדוֹן גוֹרְדוֹן הוֹלֵךְ לַחֶדֶר לָנוּחַ.
אוּרִי בָּא הַבַּיְתָה וְאוֹמֵר: "שָׁלוֹם אִמָּא, מָתַי אֲנַחְנוּ אוֹכְלִים?"
גְבֶרֶת גוֹרְדוֹן אוֹמֶרֶת: "הָעֶרֶב אֲנַחְנוּ אוֹכְלִים בְּשָׁעָה שֶׁבַע."
אוּרִי שׁוֹאֵל: "מָה הַשָּׁעָה עַכְשָׁו? לָמָּה אוֹכְלִים בְּשָׁעָה שֶׁבַע?"
גְבֶרֶת גוֹרְדוֹן אוֹמֶרֶת: "עַכְשָׁו הַשָּׁעָה שֵׁשׁ. אֲנַחְנוּ אוֹכְלִים

בְּשָׁעָה שֶׁבַע כִּי אַבָּא עָיֵף מְאֹד וְהוּא צָרִיךְ לָנוּחַ שָׁעָה.״

הַטֶּלֶפוֹן מְצַלְצֵל.

אוּרִי: ״שָׁלוֹם. מִי מְדַבֵּר?״
דֹּב רוֹזֶן: ״שָׁלוֹם. דֹּב רוֹזֶן מְדַבֵּר. אֶפְשָׁר לְדַבֵּר עִם אָדוֹן גּוֹרְדוֹן?״
אוּרִי: ״בְּבַקָּשָׁה לְחַכּוֹת.״
אוּרִי אוֹמֵר לְאִמּוֹ: ״אִמָּא, דֹּב רוֹזֶן רוֹצֶה לְדַבֵּר עִם אַבָּא.״

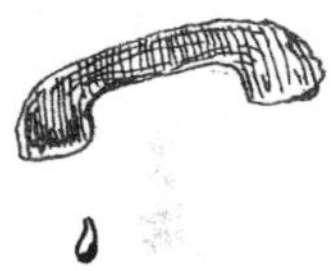

גְּבֶרֶת גּוֹרְדוֹן אוֹמֶרֶת: ״אֱמֹר לוֹ שֶׁאַבָּא יָשֵׁן עַכְשָׁו.״
אוּרִי אוֹמֵר לְדֹב רוֹזֶן שֶׁאָבִיו יָשֵׁן וְלֹא יָכוֹל לְדַבֵּר עַכְשָׁו.

הַטֶּלֶפוֹן מְצַלְצֵל עוֹד פַּעַם.

אוּרִי: ״שָׁלוֹם, מִי מְדַבֵּר?״
סַבָּא: ״שָׁלוֹם אוּרִי, זֶה סַבָּא. אֶפְשָׁר לְדַבֵּר עִם אַבָּא?״
אוּרִי: ״שָׁלוֹם סַבָּא. אִי־אֶפְשָׁר לְדַבֵּר עִם אַבָּא עַכְשָׁו כִּי הוּא יָשֵׁן.״
גְּבֶרֶת גּוֹרְדוֹן שׁוֹאֶלֶת: ״אוּרִי, עִם מִי אַתָּה מְדַבֵּר?״
אוּרִי אוֹמֵר: ״אֲנִי מְדַבֵּר עִם סַבָּא, וְהוּא רוֹצֶה לְדַבֵּר עִם אַבָּא.״

גְּבֶרֶת גּוֹרְדוֹן אוֹמֶרֶת: ״אֱמֹר לְסַבָּא לְחַכּוֹת וְלֵךְ מַהֵר לַחֶדֶר וֶאֱמֹר לְאַבָּא שֶׁסַּבָּא מְטַלְפֵּן.״
אָדוֹן גּוֹרְדוֹן קָם וְהוֹלֵךְ מַהֵר לַטֶּלֶפוֹן לְדַבֵּר עִם אָבִיו.
אוּרִי אוֹמֵר לְאִמּוֹ: ״אִמָּא, אֲנִי לֹא מֵבִין. כַּאֲשֶׁר דֹּב רוֹזֶן מְטַלְפֵּן, אַבָּא יָשֵׁן וְלֹא יָכוֹל לְדַבֵּר. עַכְשָׁו, סַבָּא מְטַלְפֵּן וְאַבָּא יָכוֹל לְדַבֵּר. הַאִם אַבָּא יָשֵׁן אוֹ לֹא יָשֵׁן?״
גְּבֶרֶת גּוֹרְדוֹן אוֹמֶרֶת: ״סַבָּא הָאָב שֶׁל אַבָּא. אַבָּא מְכַבֵּד אֶת אָבִיו. כַּאֲשֶׁר סַבָּא מְטַלְפֵּן אַבָּא תָּמִיד קָם לְדַבֵּר עִם אָבִיו. זֶה הוּא כִּבּוּד אָב.״

מִלּוֹן *Word Power*

אָב, אָבוֹת	father
אָבִיו (אָב+שֶׁלּוֹ)	his father
בְּשָׁעָה שֶׁבַע	at 7 o'clock
הַשָּׁעָה שֵׁשׁ	it is 6 o'clock
חֶדֶר, חֲדָרִים	room (m.)
טֶלֶפוֹן	telephone (m.)
יָשֵׁן (ישן)	he sleeps
לְחַכּוֹת (חכה)	to wait
לָנוּחַ (נוח)	to rest
מָה הַשָּׁעָה?	what time is it?
מַהֵר	quickly
מְטַלְפֵּן	he telephones
מְכַבֵּד (כבד)	respects, honors
מְצַלְצֵל (צלצל)	is ringing
עָיֵף, עֲיֵפִים	tired (adj.)
קָם (קום)	he gets up
שָׁעָה, שָׁעוֹת	hour (f.)

חַפֵּשׂ אֶת הַמִּלָּה *Hunt the Word*

Circle the Hebrew word which means the same as the English word or words on the right.

הַנָּשִׁים יָשְׁבוּ בַּגַּן שָׁעָה אַחַת.	1	hour
אָבִיו חָזָק מְאֹד.	2	his father
הַבֵּן מְכַבֵּד אֶת הַהוֹרִים שֶׁלּוֹ.	3	respects
אֲנִי אוֹכֵל אֲרוּחַת עֶרֶב בְּשָׁעָה שֵׁשׁ.	4	at six o'clock
הַזָּקֵן קָם וְהוֹלֵךְ לַדֶּלֶת.	5	gets up
הָאָח שֶׁלִּי אוֹהֵב לְשַׂחֵק בַּחֶדֶר.	6	in the room
מַדּוּעַ אַתָּה רוֹצֶה לְחַכּוֹת בָּרְחוֹב?	7	to wait
סַבָּא יָשֵׁן שֶׁבַע שָׁעוֹת.	8	sleeps
דָּוִד רָץ מַהֵר לְבֵית הַסֵּפֶר.	9	quickly
מָתַי אַתָּה צָרִיךְ לָנוּחַ?	10	to rest

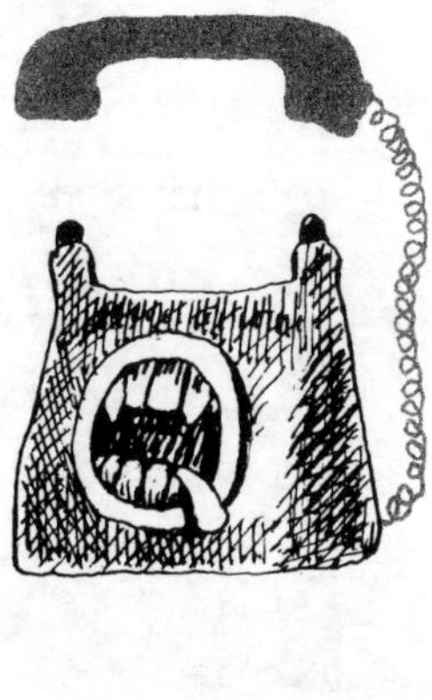

מַה הַשָּׁעָה? *What Time Is It?*

At the bottom of the page is a list of sentences describing Uri's schedule during a typical day. Below each clock, write the sentence which belongs to it.

הַשָּׁעָה שֶׁבַע וְאוּרִי קָם.
הַשָּׁעָה תֵּשַׁע. אוּרִי הוֹלֵךְ לְבֵית־הַסֵּפֶר.
הַשָּׁעָה שְׁמוֹנֶה. אוּרִי שׁוֹתֶה חָלָב.
הַשָּׁעָה שָׁלֹשׁ. אוּרִי רָץ הַבַּיְתָה.

מַה חָסֵר? *What's Missing?*

Find the word in the Word Box which best completes each sentence. Write it in the blank space.

Word Box
הוּא
שָׁעָה
מְדַבֵּר
לִמְכֹּר
מַהֵר
חֶדֶר
מְאֹד
קָם
יָשְׁבוּ

1 הָאִשָּׁה רוֹצָה ________ אֶת כָּל הַתַּפּוּחִים.

2 דָּוִד ________ עִם הֶחָבֵר שֶׁלּוֹ.

3 ________ רוֹצֶה לָנוּחַ עַכְשָׁו.

4 אִמּוֹ הָלְכָה לַ ________ הַגָּדוֹל.

5 מָתַי אַתָּה ________ בַּבֹּקֶר?

6 לָמָה אַבָּא עָיֵף ________?

7 הֵם ________ עַל־יַד הַשֻּׁלְחָן.

Copy the words you have written into the numbered spaces in the puzzle. If the words are in their proper spaces, you will discover an important mitzvah in the heavily lined area.

7 6 5 4 3 2 1

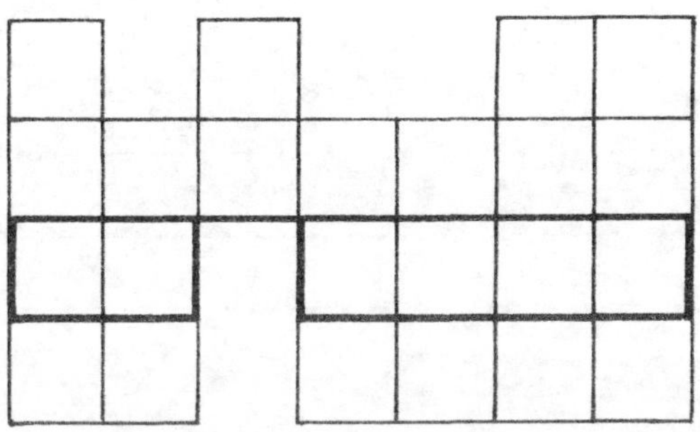

What is the mitzvah? ________________

What does it mean? ________________

You can check your answer on page 124.

Break the Code

Here is a coded message from the Torah. Read each sentence and, based on the story, decide whether it is true or false.
Circle the letter in the correct column. When you complete all the sentences, place each circled letter over the matching number in the coded message.
Watch out! Some letters can be used more than once.
When finished, you will be able to read an important message.

		כֵּן	לֹא
1	אָדוֹן גוֹרְדוֹן הוֹלֵךְ לַחֶדֶר לֶאֱכֹל.	א	(כּ)
2	אוּרִי אוֹמֵר שֶׁהוּא עָיֵף מְאֹד.	ל	ב
3	דֹּב רוֹזֶן רוֹצֶה לְדַבֵּר עִם אָדוֹן גוֹרְדוֹן.	ד	ח
4	אָדוֹן גוֹרְדוֹן יָשֵׁן.	א	ע
5	הָאֵם שֶׁל אוּרִי לֹא בַּבַּיִת.	ה	ת
6	סַבָּא שׁוֹאֵל: ״אֶפְשָׁר לְדַבֵּר עִם אַבָּא?״	ב	ס
7	גְּבֶרֶת גוֹרְדוֹן הוֹלֶכֶת מַהֵר לַחֶדֶר.	ר	י
8	אָדוֹן גוֹרְדוֹן לֹא רוֹצֶה לְדַבֵּר עִם אָבִיו.	כ	ךּ
9	אוּרִי מְטַלְפֵּן לְאָבִיו.	ט	ו
10	סַבָּא גוֹרְדוֹן הָאָב שֶׁל אָדוֹן גוֹרְדוֹן.	מ	נ

כּ
___ ___ ___   ___ ___   ___ ___ ___ ___
1 2 3   4 5   4 6 7 8

___ ___ ___   ___ ___ ___
9 4 5   4 10 8

You can check your answer on page 124.

Draw a line from a leaf which has the correct form of the verb רוֹצֶה to the blank space in each sentence.

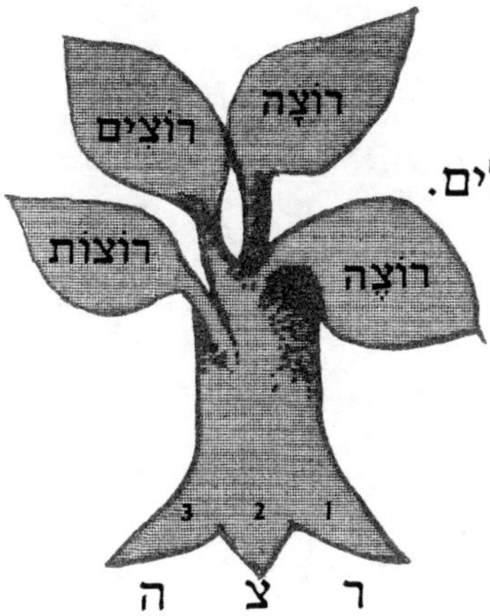

1 הַבֵּן ___ עִפָּרוֹן קָטָן.
2 הָאֵם ___ חַלָּה טוֹבָה.
3 הַתַּלְמִידִים ___ סְפָרִים גְדוֹלִים.
4 הַחֲבֵרוֹת ___ מַתָּנוֹת יָפוֹת.

1 Can you write the שֹׁרֶשׁ, the root, of the verb רוֹצֶה?

___ ___ ___

2 Did you notice that the ה, the third letter of the שֹׁרֶשׁ, is not used in the plural forms of the verb? ______

3 Which vowel comes after the ר, the first letter of all the forms of the verb רוֹצֶה? ___

4 Which vowel is under the צ, the second letter, in the masculine singular form? ___

5 Can you translate the four Hebrew sentences to a friend or your teacher? ______

6 Some other verbs which follow the same pattern as רוֹצֶה are קוֹנֶה רוֹאֶה עוֹשֶׂה שׁוֹתֶה. Can you write some other Hebrew verbs which follow this pattern?

________ ________ ________ ________

Hint: You can find some of these verbs in this book on pages 19, 31 and 43.

הַשֹּׁרֶשׁ *The Root*

Can you write the שֹׁרֶשׁ, the root, of each verb?
The first two have been done for you.

1 רוֹצֶה — 1 ר 2 צ 3 ה

2 לוֹמֵד — 1 ל 2 מ 3 ד

3 רוֹאֶה — 1 __ 2 __ 3 __

4 כּוֹתֵב — 1 __ 2 __ 3 __

5 עוֹשֶׂה — 1 __ 2 __ 3 __

6 מוֹכֵר — 1 __ 2 __ 3 __

7 קוֹנֶה — 1 __ 2 __ 3 __

8 שׁוֹאֵל — 1 __ 2 __ 3 __

Extra challenge: Do you know what these verbs mean?
Write the English meaning next to each verb.

Use the Reducing Machine and reduce the verbs to roots. Write the verb root in the numbered spaces at the bottom of the page.

1 שׁוֹאֵל	5 עוֹזֶרֶת	9 יוֹשְׁבִים	13 נוֹתֵן
2 הוֹלֵךְ	6 עוֹזְרִים	10 אוֹמְרוֹת	14 עוֹבְדוֹת
3 אוֹמֵר	7 שׁוֹאֶלֶת	11 אוֹהֵב	15 קוֹרְאִים
4 אוֹכְלוֹת	8 הוֹלְכִים	12 לוֹקְחִים	16 עוֹבֶדֶת

1 — — —	5 — — —	9 — — —	13 — — —
2 — — —	6 — — —	10 — — —	14 — — —
3 — — —	7 — — —	11 — — —	15 — — —
4 — — —	8 — — —	12 — — —	16 — — —

שֵׁם הַפֹּעַל *The Infinitive*

Uri wants to do the following things:

אוּרִי רוֹצֶה

אוּרִי רוֹצֶה

Which Hebrew word is equal
to the English words *to eat?* ______________________

Which Hebrew word is equal
to the English words *to speak?* ______________________

What is the first letter of
each of these Hebrew verbs? ______________________

We call this form of the verb **infinitive.**

Did you notice that in Hebrew the infinitive form of the verb is only one word?

Below are some of the infinitive forms you have learned. Write the number of the Hebrew infinitive verb next to the English equivalent.

6 לִרְאוֹת	1 לִלְמֹד	____to sit	____to sell
7 לְחַכּוֹת	2 לִמְכֹּר	____to learn	____to ask
8 לָלֶכֶת	3 לִשְׁאֹל	____to give	____to wait
9 לָשֶׁבֶת	4 לְסַפֵּר	____to tell	____to buy
10 לָתֵת	5 לִקְנוֹת	____to walk	____to see

שֵׁם הַפֹּעַל *The Infinitive*

Question: What do the following Hebrew sentences have in common?

הוּא רוֹצֶה לִכְתֹּב.	He wants to write.
רָחֵל רוֹצָה לִכְתֹּב.	Rachel wants to write.
הָאֲנָשִׁים רוֹצִים לִכְתֹּב.	The men want to write.
הַיְלָדוֹת רוֹצוֹת לִכְתֹּב.	The girls want to write.

Answer: Each sentence has a form of the verb רוֹצֶה in it. The verb רוֹצֶה is followed by the infinitive לִכְתֹּב.

Study the above sentences. Write *true* or *false* after each of the following statements:

1 The infinitive לִכְתֹּב does not change its form to agree with the noun. ______________________

2 The verb רוֹצֶה that comes before the infinitive לִכְתֹּב agrees in number and gender with the noun. ________

3 In English, the word **to** of the infinitive *to write* is a separate word. ______________________

4 In Hebrew, the word **to** is the ל of the infinitive לִכְתֹּב and is not a separate word. ______________________

To form the infinitive we add a ל to the שֹׁרֶשׁ of the verb.

ל + כתב = לִכְתֹּב   ל + למד = לִלְמֹד

When the third letter of the שֹׁרֶשׁ, the root of the verb, is a ה, as in the verb קוֹנֶה or the verb רוֹאֶה, the ה is dropped and is replaced with וֹת.

ל+קנה+וֹת=לִקְנוֹת   ל+ראה+וֹת=לִרְאוֹת

יוֹנָתָן: אִמָּא, אֲנִי רוֹצֶה קָפֶה.
אִמָּא: יוֹנָתָן, אַתָּה יֶלֶד קָטָן, וְיֶלֶד קָטָן לֹא שׁוֹתֶה קָפֶה.

יוֹנָתָן: אִמָּא, אֵיפֹה הַסֵּפֶר הֶחָדָשׁ שֶׁלִּי? אֲנִי רוֹצֶה לִקְרֹא.
אִמָּא: הַסֵּפֶר בַּחֶדֶר הַגָּדוֹל, אֲבָל אֲנִי לֹא יְכוֹלָה לָתֵת לְךָ אֶת הַסֵּפֶר עַכְשָׁו, כִּי אַבָּא יָשֵׁן שָׁם.
יוֹנָתָן: אֲבָל אֲנִי רוֹצֶה אֶת הַסֵּפֶר עַכְשָׁו, אֲנִי לֹא יָכוֹל לְחַכּוֹת.
אִמָּא: לָמָּה אַתָּה לֹא יָכוֹל לְחַכּוֹת? אַתָּה יֶלֶד גָּדוֹל.
יוֹנָתָן: אֲנִי לֹא מֵבִין. בַּבֹּקֶר כַּאֲשֶׁר אֲנִי רוֹצֶה קָפֶה, אַתְּ אוֹמֶרֶת שֶׁאֲנִי קָטָן. עַכְשָׁו, כַּאֲשֶׁר אֲנִי לֹא יָכוֹל לְחַכּוֹת, אַתְּ אוֹמֶרֶת שֶׁאֲנִי גָּדוֹל. מָה אֲנִי, גָּדוֹל אוֹ קָטָן?

שִׁעוּר חֲמִישִׁי

Lesson Five

אַהֲבַת אַחִים

שְׁנֵי אַחִים, רְאוּבֵן וְשִׁמְעוֹן, גָּרוּ עַל־יַד יְרוּשָׁלַיִם.
לִרְאוּבֵן הָיוּ אִשָּׁה וְאַרְבָּעָה בָּנִים.
לְשִׁמְעוֹן לֹא הָיוּ אִשָּׁה וּבָנִים.
הָאַחִים עָבְדוּ יַחַד בְּשָׂדֶה קָטָן שֶׁיָּרְשׁוּ מִן הָאָב שֶׁלָּהֶם
וְהֵם חִלְּקוּ אֶת הַתְּבוּאָה בֵּינֵיהֶם.
לַיְלָה אֶחָד, שִׁמְעוֹן לֹא יָכֹל לִישׁוֹן.
שִׁמְעוֹן אָמַר: ״לִרְאוּבֵן יֵשׁ אִשָּׁה וְאַרְבָּעָה בָּנִים. אֵין לִי
אִשָּׁה וְאֵין לִי בָּנִים. אֲנִי רוֹצֶה לָתֵת לוֹ מִן הַתְּבוּאָה
שֶׁלִּי.״

הוּא קָם וְלָקַח שַׂק מָלֵא תְּבוּאָה. הָלַךְ לַבַּיִת שֶׁל רְאוּבֵן, וְשָׂם אֶת הַשַּׂק עַל־יַד הַבַּיִת שֶׁלּוֹ.
בַּלַּיְלָה הַהוּא, גַּם רְאוּבֵן לֹא יָכֹל לִישׁוֹן.
רְאוּבֵן אָמַר: "יֵשׁ לִי אִשָּׁה וְיֵשׁ לִי אַרְבָּעָה בָּנִים. לְשִׁמְעוֹן אֵין אִשָּׁה וְאֵין בָּנִים. כַּאֲשֶׁר אֲנִי אֶהְיֶה זָקֵן, הַבָּנִים שֶׁלִּי יְכוֹלִים לַעֲזֹר לִי, אֲבָל כַּאֲשֶׁר שִׁמְעוֹן יִהְיֶה זָקֵן מִי יָכוֹל לַעֲזֹר לוֹ? אֲנִי רוֹצֶה לָתֵת לוֹ מִן הַתְּבוּאָה שֶׁלִּי."
הוּא קָם וְלָקַח שַׂק מָלֵא תְּבוּאָה. הָלַךְ לַבַּיִת שֶׁל שִׁמְעוֹן וְשָׂם אֶת הַשַּׂק עַל־יַד הַבַּיִת שֶׁלּוֹ.

בַּבֹּקֶר יָצָא שִׁמְעוֹן מִן הַבַּיִת, רָאָה אֶת הַשַּׂק עַל־יַד הַדֶּלֶת וְשָׁאַל: "מִי שָׂם אֶת הַשַּׂק פֹּה?"
כַּאֲשֶׁר קָם רְאוּבֵן בַּבֹּקֶר, גַּם הוּא רָאָה שַׂק עַל־יַד הַדֶּלֶת שֶׁלּוֹ וְשָׁאַל אֶת הַבָּנִים: "מִי שָׂם אֶת הַשַּׂק פֹּה?" הֵם אָמְרוּ שֶׁלֹּא יָדְעוּ.
בַּלַּיְלָה הַשֵּׁנִי, שִׁמְעוֹן קָם, וְגַם רְאוּבֵן קָם. שִׁמְעוֹן לָקַח שַׂק תְּבוּאָה וְהָלַךְ לַבַּיִת שֶׁל רְאוּבֵן וּרְאוּבֵן לָקַח שַׂק תְּבוּאָה וְהָלַךְ לַבַּיִת שֶׁל שִׁמְעוֹן.
בַּדֶּרֶךְ, פָּגְשׁוּ הָאַחִים זֶה אֶת זֶה וְלֹא אָמְרוּ דָּבָר. כָּל אֶחָד יָדַע אֶת הָאַהֲבָה שֶׁהָיְתָה בְּלֵב הַשֵּׁנִי.
זוֹ הָיְתָה אַהֲבָה גְדוֹלָה שֶׁל שְׁנֵי אַחִים.
כַּאֲשֶׁר אֱלֹהִים רָאָה מַה שֶּׁקָּרָה, אָמַר: "הַמָּקוֹם הַזֶּה יִהְיֶה קָדוֹשׁ, כִּי יֵשׁ בַּמָּקוֹם הַזֶּה אַהֲבָה גְדוֹלָה, אַהֲבַת אַחִים. הוּא גַּם מָקוֹם יָפֶה לְבֵית הַמִּקְדָּשׁ שֶׁלִּי."

כַּאֲשֶׁר שְׁלֹמֹה הָיָה מֶלֶךְ בְּיִשְׂרָאֵל, הוּא בָּנָה עַל הַמָּקוֹם הַזֶּה אֶת בֵּית הַמִּקְדָּשׁ בִּירוּשָׁלַיִם.

מִלּוֹן *Word Power*

אַהֲבָה	love (f.)
אַהֲבַת (אַהֲבָה+שֶׁל)	love of
אֶהְיֶה (היה)	I shall be
בֵּינֵיהֶם	between them
בֵּית הַמִּקְדָּשׁ	the Temple
בָּנָה (בנה)	he built
גָּרוּ, גָּר	they lived
גָּרָה (גור)	she lived
הַהוּא	that (m.)
חִלְּקוּ, חִלֵּק (חלק)	they divided
יַחַד	together
יָרְשׁוּ, יָרַשׁ (ירש)	they inherited
לַיְלָה	night (m.)
לִישׁוֹן (ישן)	to sleep
מָקוֹם	place (m.)
עָבְדוּ, עָבַד (עבד)	they worked
פָּגְשׁוּ (פגש)	they met
שָׂדֶה, שָׂדוֹת	field (m.)
שָׂם, שָׂמִים (שים)	he put
תְּבוּאָה	grain (m.)

אֵיפֹה? מָתַי? לָמָּה? *Where? When? Why?*

1 אֵיפֹה גָּרוּ הָאַחִים?
2 כַּמָּה בָּנִים הָיוּ לִרְאוּבֵן?
3 מַה יָּרְשׁוּ הָאַחִים מִן הָאָב שֶׁלָּהֶם?
4 מַה רָצָה רְאוּבֵן לָתֵת לְשִׁמְעוֹן?
5 מָתַי הָלַךְ שִׁמְעוֹן לַבַּיִת שֶׁל רְאוּבֵן?
6 לָמָּה רָצָה שִׁמְעוֹן לָתֵת תְּבוּאָה לִרְאוּבֵן?
7 מָה אָמְרוּ הָאַחִים כַּאֲשֶׁר פָּגְשׁוּ זֶה אֶת זֶה?
8 אֵיפֹה הָיָה בֵּית הַמִּקְדָּשׁ?

Write the Hebrew for the English words. Write one letter in each blank space. Leave out the vowels.

A Hopeful Message

Every letter that has a number under it is part of a special message. Write these letters in the corresponding spaces at the bottom of the page. Can you figure out the hopeful message?

Blanks	English	Blanks	English
_ _ _ _ _ _ (9)	between them	_ _ _ _ (1)	night
_ _ _ (10)	together	_ _ _ _ _ (2)	to sleep
_ _ _ _ (11)	(they) inherited	_ _ _ _ (3)	to rest
_ _ _ (12)	(they) lived	_ _ _ _ (4)	love
_ _ _ _ (13)	(they) met	_ _ _ (5)	field
_ _ _ _ (14)	(they) divided	_ _ _ _ (6)	(he) respects
_ _ _ (15)	(he) sat	_ _ _ _ _ (7)	grain
_ _ (16)	(he) put	_ _ _ (8)	hour

_ _ _ _ _ _ _ _   _ _ _ _   _ _ _ _

16 15 14 13 12 11 10 9   8 7 6 5   4 3 2 1

★ You can check your answer on page 124.

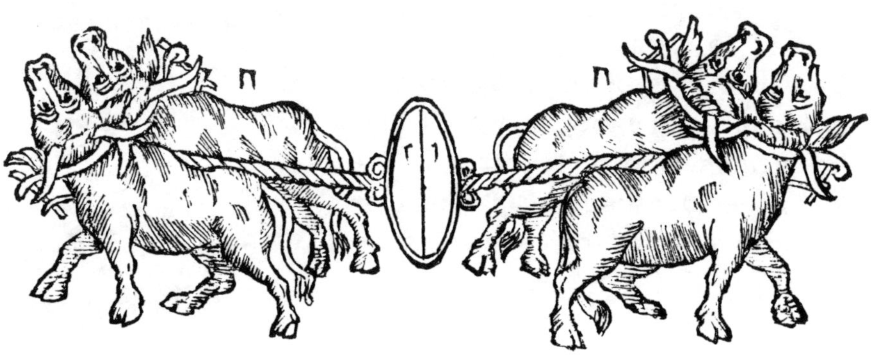

הֲפָכִים *Opposites*

Hillel has a little brother, Shammai, who always disagrees with him. Whatever Hillel says, his little brother says the opposite.

Here are some things Hillel said. Write what his brother said. Follow the example. Choose the words you need from the Word Box.

הִלֵּל הָיָה אוֹמֵר:	שַׁמַּאי הָיָה אוֹמֵר:
1 אַבָּא עוֹבֵד **בַּיּוֹם.**	אַבָּא עוֹבֵד ______.
2 זֶה כֶּלֶב **גָּדוֹל.**	זֶה כֶּלֶב ______.
3 לָאִישׁ יֵשׁ לֵב **טוֹב.**	לָאִישׁ יֵשׁ לֵב ______.
4 הַדּוֹד אִישׁ **עָשִׁיר.**	הַדּוֹד אִישׁ ______.
5 אִמָּא אוֹכֶלֶת **פֹּה.**	אִמָּא אוֹכֶלֶת ______.
6 הַמּוֹרֶה **יָשַׁב** בַּחֶדֶר.	הַמּוֹרֶה ______ בַּחֶדֶר.
7 הִיא רוֹצָה **לִקְנוֹת.**	הִיא רוֹצָה ______.
8 סַבָּא **נָתַן** מַתָּנָה.	סַבָּא ______ מַתָּנָה.

עָמַד
שָׁם
עָנִי
לָקַח
לִמְכֹּר
יָפֶה
רַע
קָטָן
אָמַר
יָצָא
בַּלַּיְלָה

כְּתֹב בְּעִבְרִית *Write in Hebrew*

1 He likes to sleep.
2 They lived in a big house.
3 They met each other at two o'clock.
4 The women worked together in the house.
5 The old man asked: "What time is it?"
6 The sons divided the money between them.

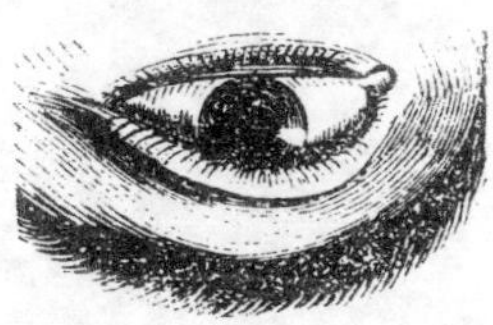

בְּחַר אֶת הַמִּלָּה *Choose the Word*

Circle the word in parentheses which best completes the sentence.

1 אִי אֶפְשָׁר (לִישׁוֹן · לַעֲשׂוֹת · לְקַבֵּל) כִּי אַתָּה מְדַבֵּר.

2 הֵם (נָסְעוּ · פָּגְשׁוּ · יָרְשׁוּ) אֶת הַבַּיִת מִן הָאֵם שֶׁלָּהֶם.

3 הָאִישׁ נוֹתֵן צְדָקָה כִּי יֵשׁ לוֹ (עַם · לֵב · אוֹת) טוֹב.

4 אֶתְמוֹל הַיְלָדִים הָלְכוּ (בְּעַד · מְאֹד · יַחַד) לַגַּן.

5 הָאִשָּׁה הַזְּקֵנָה רוֹצָה (מָקוֹם · נָכוֹן · קוּם) לָשֶׁבֶת.

6 הַדּוֹד וְהַדּוֹדָה (בָּאוּ · גָּרוּ · קָנוּ) בְּיִשְׂרָאֵל שָׁנָה אַחַת.

7 סַבָּא שָׁאַל: ״מִי (קָם · רָץ · שָׂם) אֶת הַחוּמָשׁ בַּחֶדֶר?״

8 הַמֶּלֶךְ שְׁלֹמֹה (בָּרָא · בָּנָה · הָיָה) אֶת בֵּית הַמִּקְדָּשׁ.

Write the correct word in each sentence. Watch out! The two words in each pair sound alike, but do they have the same meaning?

1 הָרַב ____ אֶת כָּל הַתַּפּוּחִים. מָכַר / מָחָר

2 הַיַּלְדָּה ____ יְכוֹלָה לִישׁוֹן. לֹא / לוֹ

3 הַצַּדִּיק נָתַן נְדָבָה לָאִישׁ הֶ____. אֲנִי / עָנִי

4 הַמּוֹרָה רוֹצָה לְדַבֵּר ____ הַהוֹרִים שֶׁלִּי. אִם / עִם

5 הָאִישׁ שָׁאַל: ״מַה ____ אֶתְמוֹל?״ קָרָא / קָרָה

6 הוּא מַדְלִיק אֶת ____ הַנֵּרוֹת. כָּל / קוֹל

Match each illustration with the most suitable sentence *below.*

1

2

3

4

(   ) הָאַחִים גָּרוּ בְּעִיר קְטַנָּה.

(   ) הָאַחִים פָּגְשׁוּ זֶה אֶת זֶה.

(   ) לְכָל אֶחָד הָיָה לֵב טוֹב.

(   ) הֵם יָרְשׁוּ רְכוּשׁ גָּדוֹל.

(   ) הָאַחִים הָלְכוּ יַחַד לַבַּיִת שֶׁלָּהֶם.

(   ) הָאֲנָשִׁים עָבְדוּ בַּשָּׂדֶה.

(   ) כָּל אֶחָד שָׂם שַׂק עַל־יַד הַדֶּלֶת.

(   ) הַחֲבֵרִים חִלְּקוּ אֶת הָעוּגָה בֵּינֵיהֶם.

These verb forms belong to different verb families. Show where each verb belongs by putting it in the right family. Follow the example.

1 לומֵד	5 אוכֶלֶת	9 הולְכות	13 אוכְלִים
2 אוכְלות	6 עובֶדֶת	10 לֶאֱכֹל	14 הולֶכֶת
3 הולֵךְ	7 לומֶדֶת	11 עובְדִים	15 לומְדִים
4 עובֵד	8 הולְכִים	12 לִלְמֹד	16 עובְדות

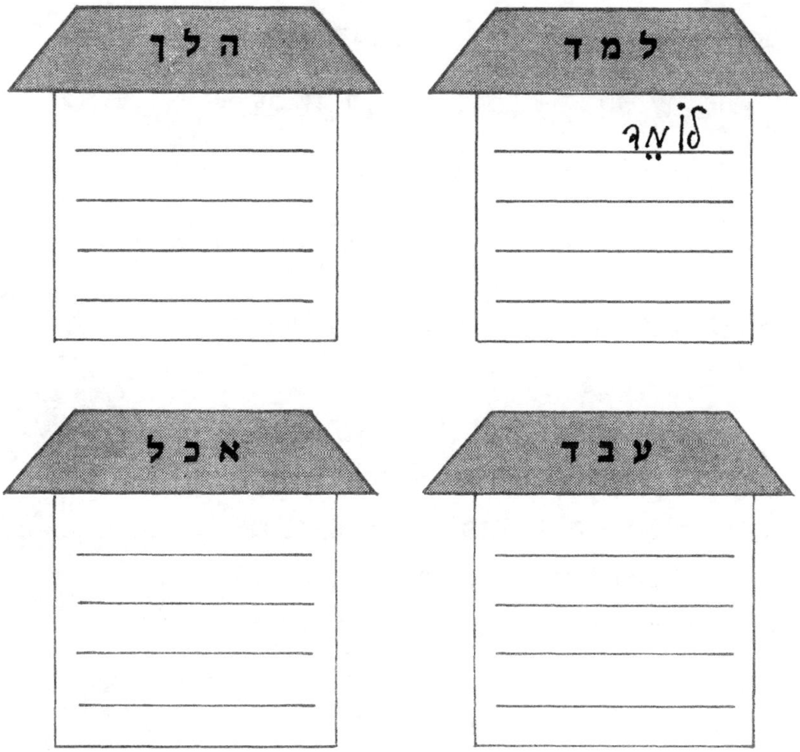

Did you place four verbs in each house?
What makes the verb forms into a "family"?

מַה מַתְאִים? What Fits?

Complete each sentence with the correct form of the verb.

בָּא | בָּאָה | בָּאִים | בָּאוֹת

1 הוּא ______ לְבֵית הַסֵּפֶר בְּשָׁעָה תֵּשַׁע.

2 הִיא ______ לְבֵית הַסֵּפֶר בְּשָׁעָה שְׁמוֹנֶה.

3 בְּכָל שַׁבָּת הֵם ______ לְבֵית־הַכְּנֶסֶת.

4 עַכְשָׁו הֵן ______ לַבַּיִת שֶׁלָּהֶן.

מַה לֹּא מַתְאִים? Misfits

Find the verb which best completes each sentence. Cross-out the misfit.

1 אַבָּא (קָם · קָמָה) וְהוֹלֵךְ לַדֶּלֶת.

2 הַחַזָּן (שָׁר · שָׁרִים) תְּפִלּוֹת.

3 מָתַי (בָּאִים · בָּאוֹת) הָאוֹרְחִים מִיִּשְׂרָאֵל?

4 לָמָּה אַתֶּן (רָצִים · רָצוֹת) מַהֵר?

5 אִמָּא (שָׂמָה · שָׂמוֹת) אֶת הָאֹכֶל עַל הַשֻּׁלְחָן.

The root of some verbs has a י or a ו in the second letter position. בּוֹא קוּם רוּץ שִׂים שִׁיר

Here is the pattern for such a verb in the present tense.

אֲנִי, אַתָּה, הוּא □ָ□   אֲנִי, אַתְּ, הִיא □ָ□ָה

אֲנַחְנוּ, אַתֶּם, הֵם □ָ□ִים   אֲנַחְנוּ, אַתֶּן, הֵן □ָ□וֹת

זְמַן עָבָר Past Tense

To understand the difference between the present and past tenses, compare the following sentences.

עָבָר	הֹוֶה
1 אֶתְמוֹל הוּא **לָמַד** עִבְרִית.	1 עַכְשָׁו הוּא **לוֹמֵד** עִבְרִית.
2 אֶתְמוֹל אַבָּא **עָבַד**.	2 עַכְשָׁו אַבָּא **עוֹבֵד**.

1 In the הֹוֶה column, is the action going on now?

2 In the עָבָר column, did the action take place in the past?

This is the vowel pattern of the verb in the past tense עָבָר with הוּא. הוּא □ָ□ַ□

This is the vowel pattern of the verb in the present tense הֹוֶה with הוּא. הוּא □וֹ□ֵ□

3 How can you tell the present tense form of the masculine singular verb? _______

4 How can you tell the past tense form of the masculine singular verb? _______

In the following sentences, if the verb is in the present tense, check the הֹוֶה column. If the verb is in the past tense, check the עָבָר column. Follow the example.

	הֹוֶה	עָבָר
1 הָאִישׁ מוֹכֵר תַּפּוּחִים.	☑	☐
2 הָאָח שָׁאַל: "מִי פֹּה?"	☐	☐
3 רְאוּבֵן לָקַח שַׂק תְּבוּאָה.	☐	☐
4 שִׁמְעוֹן הָלַךְ לַבַּיִת שֶׁל רְאוּבֵן.	☐	☐
5 הוּא עוֹמֵד בַּשָּׂדֶה.	☐	☐

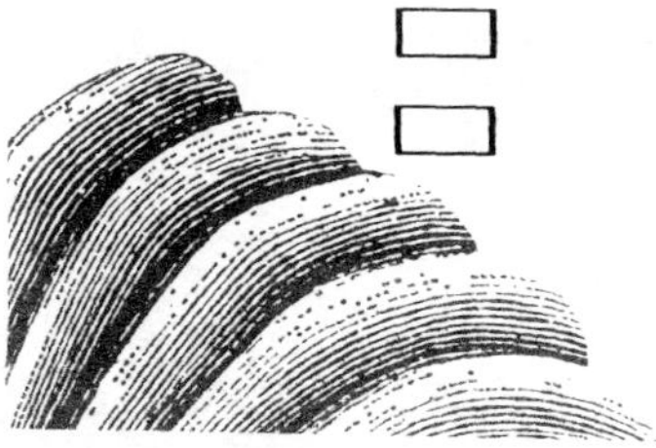

זְמַן עָבָר Past Tense

This chart shows the forms of the verb למד
in the past tense עָבָר,
with the third person singular and plural pronouns.

Feminine נְקֵבָה			**Masculine זָכָר**		
suffix	root	pronoun	suffix	root	pronoun
ה	לָמְדָ	הִיא		לָמַד	הוּא
וּ	לָמְד	הֵן	וּ	לָמְד	הֵם

Yesterday, Rena did exactly what her brother Joseph did. Write what Rena did. Follow the example. Copycat

1 יוֹסֵף אָכַל אֲרוּחַת־בֹּקֶר.	רִינָה אָכְלָה אֲרוּחַת־בֹּקֶר.
2 יוֹסֵף הָלַךְ לְבֵית־הַסֵּפֶר.	רִינָה ____ לְבֵית־הַסֵּפֶר.
3 הוּא אָמַר: "בֹּקֶר טוֹב."	הִיא ____: "בֹּקֶר טוֹב."
4 הוּא לָמַד עִבְרִית.	הִיא ____ עִבְרִית.
5 הוּא יָשַׁב עַל־יַד הַשֻּׁלְחָן.	הִיא ____ עַל־יַד הַשֻּׁלְחָן.
6 הוּא לָקַח עִפָּרוֹן.	הִיא ____ עִפָּרוֹן.
7 הוּא כָּתַב חִבּוּר.	הִיא ____ חִבּוּר.
8 הוּא פָּגַשׁ חָבֵר.	הִיא ____ חָבֵר.

פָּנִים אֶל פָּנִים *Person to Person*

אַמְנוֹן: אֲנִי רוֹצֶה לִלְמֹד בִּירוּשָׁלַיִם בַּשָּׁנָה הַבָּאָה.

רִינָה: אֲנִי רוֹצָה לִלְמֹד בְּחֵיפָה.

אַמְנוֹן: לָמָה אַתְּ רוֹצָה לִלְמֹד בְּחֵיפָה?

רִינָה: כִּי יֵשׁ לִי דוֹד וְדוֹדָה בְּחֵיפָה.

אַמְנוֹן: לָמָה הֵם בְּחֵיפָה?

רִינָה: הַדוֹד שֶׁלִי עוֹבֵד בְּחֵיפָה.
כַּאֲשֶׁר הַדוֹד לָמַד בִּירוּשָׁלַיִם, הוּא וְהַדוֹדָה גָרוּ שָׁם.

אַמְנוֹן: הַמוֹרֶה אָמַר שֶׁיְרוּשָׁלַיִם הִיא הָעִיר הַיָפָה בְּיוֹתֵר בְּכָל יִשְׂרָאֵל.

רִינָה: הַדוֹד וְהַדוֹדָה שֶׁלִי אָמְרוּ שֶׁיְרוּשָׁלַיִם עִיר יָפָה.
הֵם אָמְרוּ שֶׁכָּל מָקוֹם בְּיִשְׂרָאֵל יָפֶה.
אֲבָל הַדוֹד שֶׁלִי אָמַר שֶׁחֵיפָה עִיר יוֹתֵר יָפָה, כִּי הַדוֹדָה גָרָה בְּחֵיפָה!

שִׁעוּר שִׁשִּׁי

Lesson Six

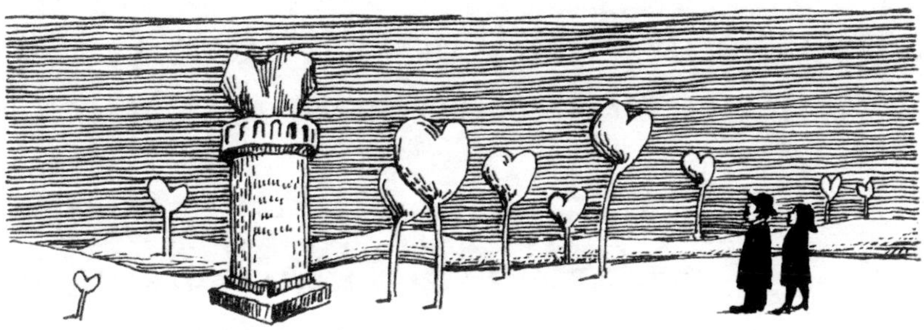

מַעֲשִׂים טוֹבִים

אָדוֹן אַבְרָהָם לֶוִין, הָאָב שֶׁל הַמִּשְׁפָּחָה.
יוֹאֵל, בֶּן עֶשֶׂר שָׁנִים.
אֶסְתֵּר, בַּת שְׁמוֹנֶה שָׁנִים.
דַּלְיָה, בַּת שָׁלֹשׁ שָׁנִים.
גְּבֶרֶת שָׂרָה לֶוִין, אֵם הַמִּשְׁפָּחָה.

הַמִּשְׁפָּחָה גָּמְרָה לֶאֱכֹל אֶת אֲרוּחַת הָעֶרֶב.

הָאָב: יוֹאֵל, סַפֵּר לָנוּ מַה לָּמַדְתָּ הַיּוֹם.
יוֹאֵל: לָמַדְתִּי הַיּוֹם דְּבָרִים שֶׁלָּמַדְתִּי אֶתְמוֹל.
הָאֵם: סַפֵּר לְאַבָּא מַה קָּרָה הַיּוֹם.
הָאָב: נוּ, יוֹאֵל, מַה קָּרָה הַיּוֹם?

יוֹאֵל: כַּאֲשֶׁר הָלַכְתִּי הַבַּיְתָה מִבֵּית הַסֵּפֶר, רָאִיתִי אִשָּׁה זְקֵנָה הוֹלֶכֶת לְאַט.
פִּתְאֹם, הִיא נָפְלָה. מִהַרְתִּי אֶל הָאִשָּׁה וְעָזַרְתִּי לָאִשָּׁה לָקוּם.

הָאָב: זֶה דָּבָר יָפֶה, יוֹאֵל, שֶׁעָזַרְתָּ לָאִשָּׁה לָקוּם.

אֶסְתֵּר: אַבָּא, גַּם אֲנִי עָשִׂיתִי מַעֲשֶׂה טוֹב הַיּוֹם.

הָאָב: (צוֹחֵק וְשׁוֹאֵל) הַאִם גַּם אַתְּ עָזַרְתְּ לְאִשָּׁה זְקֵנָה לָקוּם?

אֶסְתֵּר: אַבָּא, אֲנִי לֹא צוֹחֶקֶת. הַיּוֹם, כָּל הַיְלָדִים בַּכִּתָּה אָכְלוּ בְּשָׁעָה שְׁתֵּים עֶשְׂרֵה, כְּמוֹ בְּכָל יוֹם. רַק שְׁלֹמֹה לֹא אָכַל. שָׁאַלְתִּי אוֹתוֹ לָמָּה הוּא לֹא אָכַל. הוּא עָנָה לִי שֶׁהוּא שָׁכַח אֶת הָאֹכֶל שֶׁלּוֹ בַּבַּיִת. נָתַתִּי לוֹ חֵלֶק מִן הָאֹכֶל שֶׁלִּי.

הָאֵם: יְלָדִים, אֲנִי שְׂמֵחָה לִשְׁמֹעַ שֶׁאַתֶּם עוֹשִׂים מַעֲשִׂים טוֹבִים.

דַּלְיָה: אֲבָל אֲנִי לֹא שְׂמֵחָה.

הָאֵם: לָמָּה אַתְּ לֹא שְׂמֵחָה, דַּלְיָה?

דַּלְיָה: אִמָּא, אֲנִי לֹא שְׂמֵחָה כִּי לֹא עָשִׂיתִי מַעֲשֶׂה טוֹב הַיּוֹם.

הָאֵם: אֲבָל אַתְּ עָשִׂית מַעֲשֶׂה טוֹב הָעֶרֶב, דַּלְיָה.
אָכַלְתְּ אֶת כָּל הָאֹכֶל שֶׁנָּתַתִּי לָךְ, וְגַם זֶה מַעֲשֶׂה טוֹב.

הַמִּשְׁפָּחָה צָחֲקָה וְאָמְרָה: נָכוֹן, אִמָּא, נָכוֹן.

מִלּוֹן *Word Power*

sister	אָחוֹת
he ate	אָכַל, אָכְלָה (אכל)
10 years old	בֶּן עֶשֶׂר שָׁנִים
8 years old	בַּת שְׁמוֹנֶה שָׁנִים
she finished	גָּמְרָה (גמר)
part, portion (m.)	חֵלֶק, חֲלָקִים
slowly	לְאַט
to get up	לָקוּם (קום)
I hurried	מִהַרְתִּי (מהר)
deed, action (m.)	מַעֲשֶׂה, מַעֲשִׂים
family (f.)	מִשְׁפָּחָה, מִשְׁפָּחוֹת
family of	מִשְׁפַּחַת (מִשְׁפָּחָה+שֶׁל)
she fell	נָפְלָה (נפל)
I gave	נָתַתִּי (נתן)
I did	עָשִׂיתִי, עָשִׂית (עשה)
suddenly	פִּתְאֹם
laughing (f.)	צוֹחֶקֶת (צחק)
he laughed	צָחַק, צָחֲקָה (צחק)
I saw	רָאִיתִי (ראה)
he forgot	שָׁכַח (שכח)
happy (adj. f.)	שְׂמֵחָה, שְׂמֵחוֹת
twelve	שְׁתֵּים־עֶשְׂרֵה

Here are some of the verbs used in this story in the past tense, singular.

אֲנִי	אַתָּה	אַתְּ	הוּא	הִיא
______	______	אָכַלְתְּ	אָכַל	______
______	______	______	______	אָמְרָה
______	______	______	______	גָּמְרָה
הָלַכְתִּי	______	______	______	______
לָמַדְתִּי	לָמַדְתָּ	______	______	______
______	______	______	______	נָפְלָה
עָזַרְתִּי	עָזַרְתָּ	עָזַרְתְּ	______	______
שָׁאַלְתִּי	______	______	שָׁאַל	______

Answer each of the questions below. Base your answers on the Levin 'Family Tree'' and the story on pages 66 and 67.

מִשְׁפַּחַת לֶוִין

1 כַּמָּה בָּנִים יֵשׁ לְסַבָּא וּלְסַבְתָּא לֶוִין?
2 מַה שֵׁם הָאִשָּׁה שֶׁל אַבְרָהָם לֶוִין?
3 מַה שֵׁם הָאָח שֶׁל אַבְרָהָם לֶוִין?
4 מַה שֵׁם הַדּוֹד שֶׁל אֶסְתֵּר לֶוִין?
5 כַּמָּה אַחִים יֵשׁ לְדַלְיָה?
6 בֶּן כַּמָּה שָׁנִים יוֹאֵל לֶוִין?
7 בַּת כַּמָּה שָׁנִים אֶסְתֵּר לֶוִין?
8 מַה שֵׁם הָאֵם שֶׁל דַּלְיָה?
9 כַּמָּה יְלָדִים יֵשׁ לְאַבְרָהָם וְשָׂרָה לֶוִין?
10 מַה שֵׁם הָאָחוֹת הַקְּטַנָּה שֶׁל יוֹאֵל?

בִּינְגוֹ *Bingo*

Match the English words on the right with the appropriate Hebrew words on the Bingo card. Write the number of the English equivalent, and circle your answer.

Match the words until you have four circled Hebrew words in a row — horizontally, vertically or diagonally. That gives you ***BINGO*** *— and you have won!*

עָזַרְתִּי	צָחַק	נָפְלָה	אָכַל
נָתַתִּי	פִּתְאֹם	עָשִׂיתִי	מִשְׁפָּחָה
מִהַרְתִּי	רָאִיתִי	שָׁכַח	לָמַדְתִּי
שְׂמֵחָה	הָלַכְתִּי	גָּמְרָה	שָׁאַלְתִּי

1 I helped
2 I saw
3 family
4 she fell
5 I did
6 he ate
7 I asked
8 suddenly
9 I walked
10 he laughed
11 I learned
12 happy (f.)
13 I gave
14 she finished
15 he forgot
16 I hurried

If you match **all** the English words with their Hebrew equivalents, you will have Bingo ten ways! See if you can fill in the entire card.

Put a check mark next to the phrase which best completes each sentence, according to the story.

1 יוֹאֵל עָזַר לְאִשָּׁה זְקֵנָה...

א כִּי הִיא גָּמְרָה לֶאֱכֹל.

ב כִּי הָאִשָּׁה נָפְלָה.

ג כִּי הוּא לֹא יָכוֹל לְדַבֵּר.

2 דַּלְיָה אָמְרָה...

א שֶׁהִיא בַּת עֶשֶׂר שָׁנִים.

ב שֶׁהִיא רוֹצָה לֶאֱכֹל.

ג שֶׁהִיא לֹא שְׂמֵחָה.

3 אֶסְתֵּר נָתְנָה אֹכֶל לַיֶּלֶד...

א כִּי הוּא שָׁכַח אֶת הָאֹכֶל שֶׁלוֹ בַּבַּיִת.

ב כִּי הִיא לֹא רוֹצָה לֶאֱכֹל.

ג כִּי הוּא נָתַן אֶת הָאֹכֶל לַמּוֹרֶה.

4 הַהוֹרִים שְׂמֵחִים כִּי...

א הַיְלָדִים מְסַפְּרִים סִפּוּרִים יָפִים.

ב הַיְלָדִים עוֹשִׂים מַעֲשִׂים טוֹבִים.

ג הַמִּשְׁפָּחָה צוֹחֶקֶת.

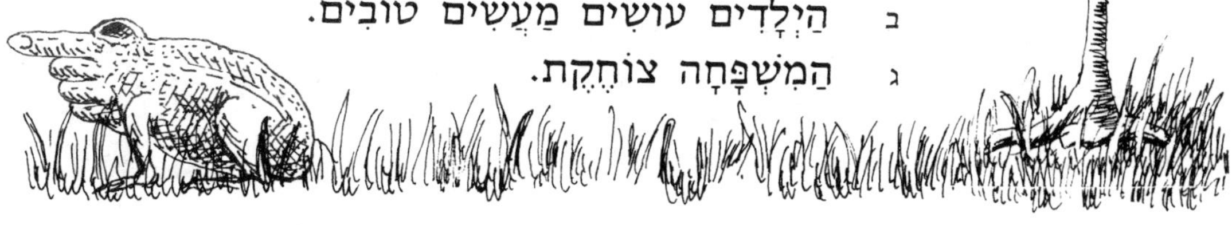

כֵּן אוֹ לֹא *True or False*

Next to each sentence write כֵּן *or* לֹא .

1 יוֹאֵל הָאָח שֶׁל אֶסְתֵּר. ______

2 הַמִּשְׁפָּחָה גָּמְרָה לֶאֱכֹל אֲרוּחַת עֶרֶב. ______

3 לְאַבְרָהָם לֶוִין יֵשׁ שְׁתֵּי בָּנוֹת וּבֵן אֶחָד. ______

4 שָׂרָה לֶוִין בַּת שְׁתֵּים־עֶשְׂרֵה שָׁנִים. ______

5 הָאָב שָׁאַל אֶת הַבֵּן: ״מַה קָּרָה הַיּוֹם?״ ______

6 אֶסְתֵּר אָמְרָה: ״נָתַתִּי אֹכֶל לְאִשָּׁה זְקֵנָה.״ ______

7 שָׂרָה לֶוִין שְׂמֵחָה
כִּי יוֹאֵל עָשָׂה מַעֲשֶׂה טוֹב. ______

8 דַּלְיָה נָפְלָה בַּבַּיִת. ______

9 יוֹאֵל שָׁכַח אֶת הַסְּפָרִים שֶׁלּוֹ בַּבַּיִת. ______

10 יוֹאֵל הָלַךְ לַבַּיִת שֶׁל אִשָּׁה זְקֵנָה. ______

כְּתֹב בְּעִבְרִית *Write in Hebrew*

1 David is nine years old.
2 I love my family.
3 Yesterday Esther fell in the street.
4 The uncle ate the cake slowly.
5 His father laughed when he saw the dog.
6 Rachel is five years old.
7 My mother is happy because I helped her.
8 What did you study in school?
9 Sara finished eating at three o'clock.
10 He forgot the newspaper in the store.

זְמַן עָבָר, יָחִיד (יְחִידָה) *Past Tense Singular*

אַבָּא: יוֹאֵל, הַאִם אַתָּה **לָמַדְתָּ** עִבְרִית הַיּוֹם?

יוֹאֵל: כֵּן אַבָּא, אֲנִי **לָמַדְתִּי** עִבְרִית.

אַבָּא: אֶסְתֵּר, הַאִם אַתְּ **לָמַדְתְּ** עִבְרִית הַיּוֹם?

אֶסְתֵּר: כֵּן אַבָּא, אֲנִי **לָמַדְתִּי** עִבְרִית.

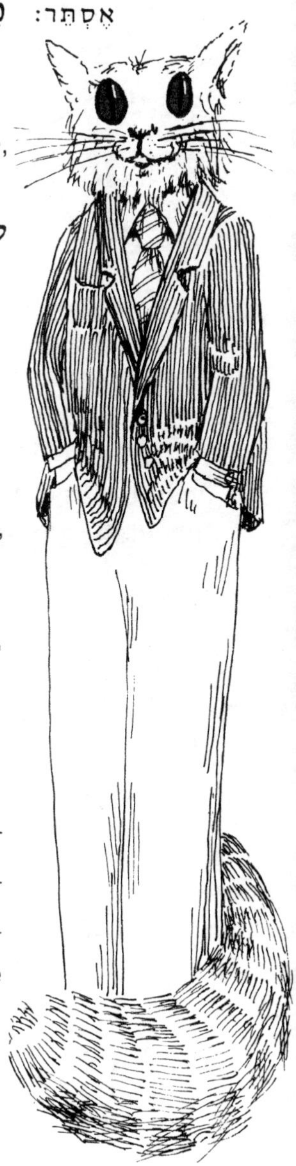

The verbs in the above sentences are in the past tense, singular .זְמַן עָבָר, יָחִיד (יְחִידָה)
These verbs were formed by joining the root letters למד and past tense suffixes (endings). For example

אֲנִי לָמַד + תִּי = לָמַדְתִּי	I studied, have studied, did study (m., f.)
אַתָּה לָמַד + תָּ = לָמַדְתָּ	you studied, have studied, did study (m.)
אַתְּ לָמַד + תְּ = לָמַדְתְּ	you studied, have studied, did study (f.)

1 What suffix is used with the pronoun אֲנִי? ________
2 What suffix is used with the pronoun אַתָּה? ________
3 What suffix is used with the pronoun אַתְּ? ________
4 Did you notice that לָמַדְתִּי is used for both masculine and feminine singular? ______
5 Did you notice that the past tense of the Hebrew verb has a different form for each person? ______

שְׁאֵלוֹת Questions

Your friend wants to know what Ruth and Zvi did yesterday.
Check Ruth's column if your friend asked Ruth the question. Check Zvi's column if your friend asked Zvi the question. Study the example first.

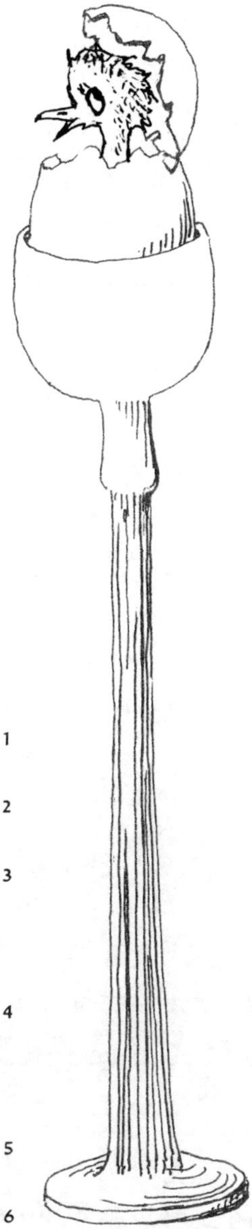

	צְבִי	רוּת
1 הַאִם לָמַדְתָּ עִבְרִית?	☑	☐
2 הַאִם עָזַרְתָּ לַמּוֹרֶה?	☐	☐
3 הַאִם אָכַלְתְּ אֲרוּחַת בֹּקֶר?	☐	☐
4 הַאִם הָלַכְתָּ לְבֵית הַסֵּפֶר?	☐	☐
5 הַאִם עָבַדְתְּ בַּבַּיִת?	☐	☐

Joshua asked his friends Debra and Michael some questions. In each of answers the verb is missing.
Write the missing verb. Study the example first.

1 לָמָּה אַתָּה לֹא לוֹמֵד עַכְשָׁו?	1 אֲנִי ~~לָמַדְתִּי~~ אֶתְמוֹל.
2 לָמָּה אַתְּ לֹא אוֹכֶלֶת בֵּיצָה?	2 אֲנִי ______ בֵּיצָה בַּבֹּקֶר.
3 לָמָּה אַתָּה לֹא שׁוֹאֵל 'מַה הַשָּׁעָה?'	3 אֲנִי ______ 'מַה הַשָּׁעָה?' בַּבֹּקֶר.
4 לָמָּה אַתָּה לֹא הוֹלֵךְ לַחֲנוּת?	4 אֲנִי ______ לַחֲנוּת אֶתְמוֹל.
5 לָמָּה אַתְּ לֹא עוֹבֶדֶת?	5 אֲנִי ______ אֶתְמוֹל.
6 לָמָּה אַתְּ לֹא גּוֹמֶרֶת לִקְרֹא?	6 אֲנִי ______ לִקְרֹא.

This chart shows forms of the verb למד *in the past tense, masculine and feminine singular.*

Masculine **זָכָר יָחִיד**		
pronoun	root	suffix
אֲנִי	לָמַדְ	תִּי
אַתָּה	לָמַדְ	תָּ
הוּא	לָמַד	

Feminine **נְקֵבָה יְחִידָה**		
pronoun	root	suffix
אֲנִי	לָמַדְ	תִּי
אַתְּ	לָמַדְ	תְּ
הִיא	לָמְדָ	ה

Here are some things that Gil and Gila are doing today. Ask them why they did not do these things yesterday. Follow the example.

1 גִּיל אוֹכֵל תַּפּוּחַ. 1 לָמָה לֹא ______ תַּפּוּחַ אֶתְמוֹל?

2 גִּיל לוֹמֵד אֶת הַפָּרָשָׁה. 2 לָמָה לֹא ______ אֶת הַפָּרָשָׁה אֶתְמוֹל?

3 גִּילָה עוֹזֶרֶת לָאֵם. 3 לָמָה לֹא ______ לָאֵם אֶתְמוֹל?

4 גִּילָה יוֹשֶׁבֶת בַּחֶדֶר. 4 לָמָה לֹא ______ בַּחֶדֶר אֶתְמוֹל?

בְּחַר אֶת הַפֹּעַל Choose the Verb

Circle the verb in parentheses which best completes the sentence.

1 הַאִם אַתֶּם (עֲזַרְתֶּם · עָזַרְתִּי · עָזַרְתָּ) לַדּוֹדָה?

2 הִיא (אָמְרָה · אָמַרְתִּי · אָמַר): "תּוֹדָה רַבָּה."

3 אֲנִי לֹא (יָדַע · יָדַעְתָּ · יָדַעְתִּי) מָה לִכְתֹּב.

4 הוּא (לָקְחָה · לָקַח · לָקַחְתָּ) עִפָּרוֹן.

5 הָאִשָּׁה (מָכְרָה · מָכַרְתָּ · מָכַרְתְּ) אֶת הַפְּרָחִים.

מִסְפָּרִים Numbers

Review feminine numbers 1–10, on page 28.
Here are feminine numbers 11–20.

11 – אַחַת עֶשְׂרֵה
12 – שְׁתֵּים עֶשְׂרֵה
13 – שְׁלֹשׁ עֶשְׂרֵה
14 – אַרְבַּע עֶשְׂרֵה
15 – חֲמֵשׁ עֶשְׂרֵה
16 – שֵׁשׁ עֶשְׂרֵה
17 – שְׁבַע עֶשְׂרֵה
18 – שְׁמוֹנֶה עֶשְׂרֵה
19 – תְּשַׁע עֶשְׂרֵה
20 – עֶשְׂרִים

מָה חָסֵר? What's Missing?

The picture below shows the Lamdan children who live on Eden Street. Based on the picture, complete each sentence. Write the missing number in Hebrew.

1 מִשְׁפַּחַת לַמְדָן גָּרָה בִּרְחוֹב עֵדֶן מִסְפָּר ________.
2 לְאָדוֹן וּגְבֶרֶת לַמְדָן יֵשׁ ________ בָּנוֹת.
3 שִׁירָה לַמְדָן בַּת ________ שָׁנִים.
4 צִפּוֹרָה לַמְדָן בַּת ________ שָׁנִים.
5 טוֹבָה לַמְדָן בַּת ________ שָׁנִים.
6 יְהוֹשֻׁעַ לַמְדָן בֶּן ________ שָׁנִים.
7 לְשִׁירָה לַמְדָן יֵשׁ ________ אֲחָיוֹת.
8 דָּוִד לַמְדָן בֶּן ________ שָׁנִים.

פָּנִים אֶל פָּנִים *Person to Person*

טוֹבָה: אִמָּא, הַיּוֹם אֲנִי רוֹצָה לַעֲשׂוֹת מַעֲשֶׂה טוֹב.

אִמָּא: יָפֶה מְאֹד, טוֹבָה, אַתְּ יְכוֹלָה לַעֲזֹר לְסַבְתָּא בַּבַּיִת.

טוֹבָה: עָזַרְתִּי לְסַבְתָּא אֶתְמוֹל. אֲנִי לֹא רוֹצָה לַעֲזֹר לְסַבְתָּא גַּם הַיּוֹם. מָה עוֹד אֲנִי יְכוֹלָה לַעֲשׂוֹת?

אִמָּא: אַתְּ יְכוֹלָה לָתֵת אֹכֶל לָאָח הַקָּטָן שֶׁלָּךְ.

טוֹבָה: נָתַתִּי לוֹ אֹכֶל הַבֹּקֶר.

אִמָּא: הַאִם אַתְּ רוֹצָה לָלֶכֶת לַחֲנוּת לִקְנוֹת גְּבִינָה בִּשְׁבִילִי?

טוֹבָה: הָלַכְתִּי לַחֲנוּת בְּיוֹם שִׁשִּׁי, וְאַתְּ יוֹדַעַת שֶׁאֲנִי לֹא אוֹהֶבֶת גְּבִינָה.

אִמָּא: נוּ, מָה אַתְּ רוֹצָה לַעֲשׂוֹת?

טוֹבָה: אָמַרְתִּי לָךְ, אִמָּא, אֲנִי רוֹצָה לַעֲשׂוֹת מַעֲשֶׂה טוֹב.

אִמָּא: אַתְּ יְכוֹלָה לְשַׂחֵק בַּחֶדֶר שֶׁלָּךְ.

טוֹבָה: אֲבָל אִמָּא, זֶה לֹא מַעֲשֶׂה טוֹב!

אִמָּא: כֵּן, כֵּן, טוֹבָה, זֶה מַעֲשֶׂה טוֹב בִּשְׁבִילִי!

שִׁעוּר שְׁבִיעִי

ΨΨΨΨΨΨΨΨΨΨΨΨΨΨΨΨΨΨΨΨΨΨΨΨΨΨΨΨΨΨ

Lesson Seven

הַכְנָסַת אוֹרְחִים

הָרַב יִשְׂרָאֵל הָיָה מוֹרֶה גָדוֹל בָּעִיר וִילְנָה.
פַּעַם אַחַת, בָּא לְעִיר קְטַנָּה לְבַקֵּשׁ נְדָבוֹת בִּשְׁבִיל הַתַּלְמִידִים שֶׁלָּמְדוּ תּוֹרָה וְתַלְמוּד בַּיְשִׁיבָה שֶׁלּוֹ.

כַּאֲשֶׁר בָּא לְבֵית הַכְּנֶסֶת, אָמַר לוֹ ר׳ חַיִּים הַשַּׁמָּשׁ: ״הַיְהוּדִים עַכְשָׁו בְּבֵית ר׳ מֵאִיר הַלֵּוִי, כִּי הַיּוֹם יֵשׁ חֲגִיגָה גְדוֹלָה לִכְבוֹד הַבַּר־מִצְוָה שֶׁל בְּנוֹ. אֲנַחְנוּ יְכוֹלִים לָלֶכֶת לַבַּיִת שֶׁלּוֹ, אִם אַתָּה רוֹצֶה.״

הֵם הָלְכוּ לְבֵית ר׳ מֵאִיר הַלֵּוִי. הַשַּׁמָּשׁ הִכְנִיס אֶת רַב יִשְׂרָאֵל לְחֶדֶר גָּדוֹל. עַל־יַד שֻׁלְחָן גָּדוֹל יָשְׁבוּ אוֹרְחִים שְׂמֵחִים מְדַבְּרִים זֶה אֶל זֶה.
אָמַר ר׳ חַיִּים הַשַּׁמָּשׁ לְרַב יִשְׂרָאֵל: ״אֲנִי לֹא רוֹאֶה אֶת ר׳ מֵאִיר פֹּה. שֵׁב, בְּבַקָּשָׁה, עַל־יַד הַשֻּׁלְחָן. אֲנִי רוֹצֶה לְסַפֵּר לְר׳ מֵאִיר שֶׁיֵּשׁ לָנוּ אוֹרֵחַ נִכְבָּד מִוִּילְנָה.״
הַשַּׁמָּשׁ יָצָא מִן הַחֶדֶר.

פִּתְאֹם אָמַר אִישׁ עָשִׁיר לְרַב יִשְׂרָאֵל: ״אֵין מָקוֹם פֹּה בִּשְׁבִילְךָ. שֵׁב שָׁם!״ קָם רַב יִשְׂרָאֵל וְהָלַךְ לְמָקוֹם אַחֵר.
כַּאֲשֶׁר רָצָה לָשֶׁבֶת, שָׁאֲלוּ אוֹתוֹ הָאוֹרְחִים: ״לָמָּה אַתָּה יוֹשֵׁב פֹּה? אֲנַחְנוּ אָכַלְנוּ וְאֵין עוֹד אֹכֶל.״
רַב יִשְׂרָאֵל לֹא אָמַר דָּבָר, קָם וְהָלַךְ לַדֶּלֶת וְעָמַד עַל־יַד הַדֶּלֶת.
שָׁאַל אוֹתוֹ יֶלֶד קָטָן: ״הַיּוֹם חֲגִיגָה גְּדוֹלָה. לָמָּה אֵין לְךָ בְּגָדִים יָפִים?״
הוּא לֹא עָנָה דָבָר וְיָצָא מִן הַבַּיִת.

הַשַּׁמָּשׁ שָׁב לַחֶדֶר עִם ר׳ מֵאִיר וְלֹא רָאָה אֶת רַב יִשְׂרָאֵל.
שָׁאַל אֶת הָאוֹרְחִים: ״אֵיפֹּה רַב יִשְׂרָאֵל?״
עָנוּ לוֹ: ״לֹא רָאִינוּ אוֹתוֹ.״
אָמַר הַשַּׁמָּשׁ: ״אֲבָל לִפְנֵי חָמֵשׁ דַּקּוֹת הָרַב יִשְׂרָאֵל יָשַׁב פֹּה.״
אָמְרוּ הָאוֹרְחִים: ״לִפְנֵי חָמֵשׁ דַּקּוֹת יָשַׁב פֹּה עָנִי.״
אָמַר הַשַּׁמָּשׁ: ״הֶעָנִי הַזֶּה הָיָה רַב יִשְׂרָאֵל, מוֹרֶה גָּדוֹל בַּיְשִׁיבָה בְּוִילְנָה.״
אָמְרוּ הָאֲנָשִׁים: ״וַאֲנַחְנוּ לֹא יָדַעְנוּ! חָשַׁבְנוּ שֶׁהוּא רַק עָנִי פָּשׁוּט.״

כָּעַס ר׳ מֵאִיר הַלֵּוִי וְאָמַר לָהֶם: ״הָיָה פֹּה אוֹרֵחַ נִכְבָּד מִוִּילְנָה וּמִפְּנֵי שֶׁלֹּא הָיוּ לוֹ בְּגָדִים יְקָרִים וְיָפִים, חֲשַׁבְתֶּם שֶׁהוּא עָנִי פָּשׁוּט?! לֹא נְתַתֶּם לוֹ כָּבוֹד, לֹא נְתַתֶּם לוֹ מָקוֹם לָשֶׁבֶת. מַה קָּרָה לָכֶם?! הַאִם שְׁכַחְתֶּם אֶת הַמִּצְוָה שֶׁל הַכְנָסַת אוֹרְחִים?!״
״בּוֹא, ר׳ חַיִּים,״ אָמַר ר׳ מֵאִיר לַשַּׁמָּשׁ, ״צְרִיכִים לָלֶכֶת לְבַקֵּשׁ סְלִיחָה מֵרַב יִשְׂרָאֵל.״

מִלּוֹן *Word Power*

בְּגָדִים	clothing (m.)
בְּנוֹ (בֵּן+שֶׁלּוֹ)	his son
דַּקּוֹת, דַּקָּה	minutes
הִכְנִיס	he brought in
הַכְנָסַת אוֹרְחִים	hospitality
חֲגִיגָה	party, celebration
חָשַׁבְנוּ (חשב)	we thought
לְבַקֵּשׁ (בקש)	to ask for
לִפְנֵי	before, in front of
מַזָּל טוֹב!	congratulations
מִפְּנֵי	because of
מִצְוָה	religious commandment
נִכְבָּד	respected, honored (adj. m.)
נְתַתֶּם (נתן)	you gave (m.pl.)
סְלִיחָה	forgiveness
פָּשׁוּט, פְּשׁוּטִים	simple, ordinary (m.)
רָאִינוּ (ראה)	we saw
שָׁב (שוב)	he came back
שֵׁב (ישב)	sit! (m.s.)
שַׁמָּשׁ	shamash, sexton

Here are some of the verbs used in this story in the past tense plural.

אֲנַחְנוּ	אַתֶּם	הֵם
אָכַלְנוּ	______	______
______	______	אָמְרוּ
חָשַׁבְנוּ	חֲשַׁבְתֶּם	______
יָדַעְנוּ	______	______
______	______	יָשְׁבוּ
______	______	לָמְדוּ
______	______	קָרְאוּ
______	______	שָׁאֲלוּ
______	שְׁכַחְתֶּם	______

Write the Hebrew words that mean the same as the following English words. They are all hidden in this puzzle. Read across and down, and circle the words. Follow the example.

Find the Words

אורחים 1 guests
______ 2 city
______ 3 religious commandment
______ 4 minutes
______ 5 party
______ 6 clothes
______ 7 simple
______ 8 honored
______ 9 we thought
______ 10 we saw
______ 11 they said
______ 12 you (m.pl.) thought
______ 13 to ask for
______ 14 he came back
______ 15 his son
______ 16 because of

מ	ש	ק	ב	ל	י	נ	פ	מ
ה	ג	י	ג	ח	ט	ו	ש	פ
ם	ת	ב	ש	ח	ו	ר	מ	א
ה	א	מ	י	ד	ג	ב	צ	ר
ש	ל	ש	מ	י	ח	ר	ו	א
ת	ו	ק	ד	ש	מ	ח	ה	י
י	נ	פ	ל	ב	ד	ב	כ	נ
ר	י	ע	ו	נ	ב	ש	ח	ו

If you're a good detective, you'll find many more words in the puzzle. Write them here, together with their English translation.

______

______

הַקֶּשֶׁר הָעִבְרִי The Hebrew Connection

Check the sentence which best describes the illustration.

( ) הִיא אוֹמֶרֶת שֶׁהִיא זְקֵנָה.

( ) הִיא אוֹהֶבֶת בְּגָדִים יָפִים.

( ) הָאִשָּׁה עוֹבֶדֶת בַּבַּיִת.

( ) הֵם רוֹצִים לְבַקֵּשׁ סְלִיחָה.

( ) הוּא עָשָׂה מַעֲשִׂים טוֹבִים.

( ) יֵשׁ חֲגִיגָה גְדוֹלָה בַּבַּיִת.

( ) הוּא עָזַר לָהֶם לָשֶׁבֶת עַל־יַד הַדֶּלֶת.

( ) הָאִישׁ הִכְנִיס אוֹרְחִים לַבַּיִת.

( ) הַשַּׁמָּשׁ יָצָא מִן הַבַּיִת עִם הָרַב.

( ) "שָׁכַחְנוּ אֶת הַכֶּסֶף."

( ) "רָאִינוּ אִישׁ נִכְבָּד."

( ) "אָכַלְנוּ לִפְנֵי שָׁעָה."

אֵיפֹה? מִי? מַה? לָמָה? *Where? Who? What? Why?*

1 אֵיפֹה גָּר הָרַב יִשְׂרָאֵל?
2 אֵיפֹה גָּר ר׳ מֵאִיר הַלֵּוִי?
3 מִי הָיָה הָאוֹרֵחַ הַנִּכְבָּד שֶׁבָּא לְבֵית הַכְּנֶסֶת?
4 לָמָה בָּא הָרַב יִשְׂרָאֵל לָעִיר הַקְּטַנָּה?
5 לִכְבוֹד מִי עָשָׂה ר׳ מֵאִיר חֲגִיגָה גְּדוֹלָה?
6 מִי הִכְנִיס אֶת הָרַב יִשְׂרָאֵל לַבַּיִת שֶׁל ר׳ מֵאִיר הַלֵּוִי?
7 מָה רָצָה הַשַּׁמָּשׁ לְסַפֵּר לְר׳ מֵאִיר הַלֵּוִי?
8 מַה שָּׁאֲלוּ הָאוֹרְחִים אֶת הָרַב יִשְׂרָאֵל?
9 מַה שָּׁאַל הַיֶּלֶד הַקָּטָן אֶת הָרַב יִשְׂרָאֵל?
10 לָמָה רָצָה ר׳ מֵאִיר לְבַקֵּשׁ סְלִיחָה מֵהָרַב יִשְׂרָאֵל?

כְּתֹב בְּעִבְרִית *Write in Hebrew*

1 Ruth always buys pretty clothes.
2 We ate bread and fish yesterday.
3 We thought that he came back to the room.
4 We saw happy children in the park.
5 Did you (m.pl.) forget the books again?
6 The poor woman does not want to ask for money.
7 All the students came to the party.
8 Our teacher (m.) brought a visitor into the room.
9 David's grandfather was an honored rabbi.
10 You (m.pl.) gave him five big gifts.

זְמַן עָבָר, רַבִּים וְרַבּוֹת *Past Tense, Plural*

הַמּוֹרֶה: הַאִם אַתֶּם **לְמַדְתֶּם** אֶת הַסִּפּוּר בַּבַּיִת?

דָּוִד וְדָנִי: כֵּן, מוֹרֶה, אֲנַחְנוּ **לָמַדְנוּ** אֶת הַסִּפּוּר.

הַמּוֹרֶה: הַאִם אַתֶּן **לְמַדְתֶּן** אֶת הַסִּפּוּר בַּבַּיִת?

נִילִי וְלֵאָה: לֹא, מוֹרֶה, אֲנַחְנוּ לֹא **לָמַדְנוּ** אֶת הַסִּפּוּר בַּבַּיִת, כִּי שָׁכַחְנוּ.
רַק דָּוִד וְדָנִי **לָמְדוּ** אֶת הַסִּפּוּר.

1 What is the Hebrew for "we studied"? ____________________

2 What is the Hebrew for "you studied" (m.pl.)? ____________________

3 What is the Hebrew for "you studied" (f.pl.)? ____________________

4 What suffix is used with the pronoun אֲנַחְנוּ? ____________________

5 What suffix is used with the pronoun אַתֶּם? ____________________

6 What suffix is used with the pronoun אַתֶּן? ____________________

Who Did It?

Check the column which tells you who did it. Follow the example.

	אֲנַחְנוּ	**אַתֶּם**	**אַתֶּן**	**הֵם/הֵן**
1 מְכַרְתֶּן פְּרָחִים.	☐	☐	☐	☐
2 עָמַדְנוּ בָּרְחוֹב.	☐	☐	☐	☐
3 הֲלַכְתֶּם לַחֲנוּת.	☐	☐	☐	☐
4 כְּתַבְתֶּן בְּבֵית־הַסֵּפֶר.	☐	☐	☐	☐
5 אָהֲבוּ אֶת הַבְּגָדִים.	☐	☐	☐	☐

Imagine yourself in this situation: Your friend Michael was ill and could not attend Daniel's Bar Mitzvah party. He asked you and your friends what you did there.

An Imaginary Bar Mitzvah

From the list at the bottom of the page, choose the correct answer. Write it next to the question. Be careful! The answers are not listed in the same order as the questions.

מִיכָאֵל שׁוֹאֵל:

1 אֵיפֹה יְשַׁבְתֶּם? 1 ______________________

____

2 מָה אֲכַלְתֶּם? 2 ______________________

____

3 מָתַי גְּמַרְתֶּם לֶאֱכֹל? 3 ______________________

____

4 הַאִם לְמַדְתֶּם שִׁירִים חֲדָשִׁים? 4 ______________________

____

5 הַאִם לְקַחְתֶּם עוּגָה בִּשְׁבִילִי? 5 ______________________

____

6 לְמִי אֲמַרְתֶּם "מַזָּל טוֹב"? 6 ______________________

____

תְּשׁוּבוֹת:

גָּמַרְנוּ לֶאֱכֹל בְּשָׁעָה תֵּשַׁע. אָכַלְנוּ אֲרוּחָה גְּדוֹלָה.

יָשַׁבְנוּ עַל-יַד שֻׁלְחָן גָּדוֹל. כֵּן, לָקַחְנוּ עוּגָה בִּשְׁבִילְךָ.

כֵּן, לָמַדְנוּ שִׁירִים חֲדָשִׁים.

אָמַרְנוּ "מַזָּל טוֹב" לְדָנִיאֵל וְגַם לַמִּשְׁפָּחָה שֶׁלּוֹ.

This chart shows forms of the verb למד
in the past tense, masculine and feminine plural.

Feminine נְקֵבָה רַבּוֹת			**Masculine זָכָר רַבִּים**		
suffix	root	pronoun	suffix	root	pronoun
נוּ	לָמַדְ	אֲנַחְנוּ	נוּ	לָמַדְ	אֲנַחְנוּ
תֶּן	לְמַדְ	אַתֶּן	תֶּם	לְמַדְ	אַתֶּם
וּ	לָמְד	הֵן	וּ	לָמְד	הֵם

מַה מַּתְאִים? *What Fits?*

Complete the sentences with the correct form of גמר.

גָּמַרְתִּי | גָּמַרְתָּ | גָּמַרְתְּ | גָּמַר | גָּמְרָה

גָּמַרְנוּ | גְּמַרְתֶּם | גְּמַרְתֶּן | גָּמְרוּ | גָּמְרוּ

1 אֲנִי ______ לִקְרֹא בְּשָׁעָה שָׁלֹשׁ.

2 הַאִם אַתָּה ______ לֶאֱכֹל?

3 הַאִם אַתְּ ______ לִכְתֹּב אֶת הַחִבּוּר?

4 הַחַזָּן ______ לְהִתְפַּלֵּל לִפְנֵי עֶשֶׂר דַּקּוֹת.

5 הַדּוֹדָה לֹא ______ לֶאֱכֹל אֲרוּחַת־עֶרֶב.

6 אֲנַחְנוּ ______ לְשַׂחֵק בְּכַדּוּר־רֶגֶל.

7 יַעֲקֹב וְיוֹסֵף, הַאִם אַתֶּם ______ לְדַבֵּר?

8 חַנָּה וְרוֹנִית, הַאִם אַתֶּן ______ לָשִׁיר?

9 הַתַּלְמִידִים ______ לִלְמֹד.

10 הַחֲבֵרוֹת שֶׁל רִינָה ______ אֶת הָעוּגָה.

Program the computer and match the pronouns with the verbs, as you did on page 38.

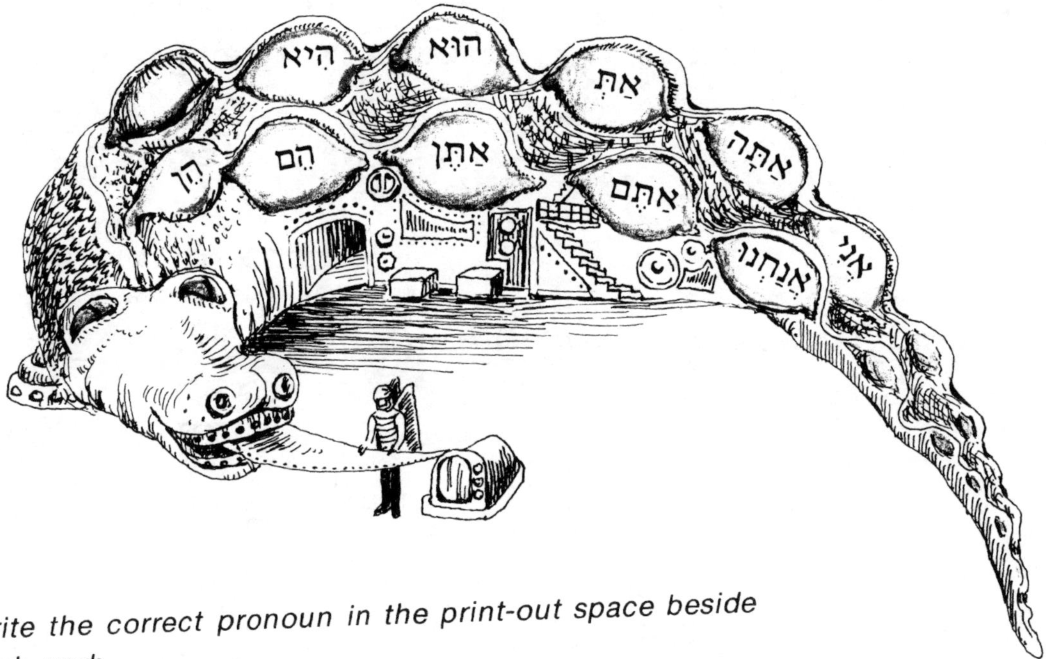

Write the correct pronoun in the print-out space beside each verb.

______ עָמַדְתִּי עַל־יַד הַשֻּׁלְחָן.

______ חָשַׁבְתָּ שֶׁהֵם בַּבַּיִת.

______ אָהַבְתְּ אֶת הַבְּגָדִים.

______ שָׁכַח לִקְנוֹת חָלָב.

______ הָלְכָה לַשּׁוּק.

______ שָׁאַלְנוּ: ׳אֵיפֹה הַשַּׁמָּשׁ?׳

______ לְמַדְתֶּם אֶת הַקִּדּוּשׁ.

______ יְשַׁבְתֶּן בַּחֶדֶר.

______ לָקְחוּ אֶת הַתַּפּוּחִים.

______ מָכְרוּ פְּרָחִים.

Simple Simon forgot to unpack the suffixes needed to complete the verbs in the following sentences. Help him choose the correct suffix from the trunk, and complete the verbs.

Unfinished Verbs

You may use a suffix more than once.

1 דָוִד, לָמָה עָמַדְ___ בָּרְחוֹב?

2 פְּנִינָה אָכְלָ___ רַק בֵּיצָה אַחַת הַבֹּקֶר.

3 הַאִם אַתֶּם מְכַרְ___ אֶת כָּל הַתְּבוּאָה?

4 הַתַּלְמִידִים לֹא יָדְע___ אֵיפֹה הָיָה הַמּוֹרֶה.

5 רוּת, הַאִם אָמַרְ___ "תּוֹדָה רַבָּה" לַדּוֹדָה?

6 הֵן הָלְכ___ לְבֵית הַכְּנֶסֶת.

7 אֲנִי חָשַׁבְ___ שֶׁהַיּוֹם יוֹם שִׁשִּׁי.

8 הַאִם אַתֶּן יָרַשְׁ___ רְכוּשׁ גָּדוֹל?

9 אֲנַחְנוּ כָּעַסְ___ כִּי לֹא הָיָה מָקוֹם לָשֶׁבֶת.

10 שָׁאוּל עָבַד___ בַּשָּׂדֶה.

מִסְפָּרִים *Numbers*

These are the feminine numbers 21–30.

21 — עֶשְׂרִים וְאַחַת	26 — עֶשְׂרִים וְשֵׁשׁ
22 — עֶשְׂרִים וּשְׁתַּיִם	27 — עֶשְׂרִים וְשֶׁבַע
23 — עֶשְׂרִים וְשָׁלֹשׁ	28 — עֶשְׂרִים וּשְׁמוֹנֶה
24 — עֶשְׂרִים וְאַרְבַּע	29 — עֶשְׂרִים וְתֵשַׁע
25 — עֶשְׂרִים וְחָמֵשׁ	30 — שְׁלֹשִׁים

Here are some numbers you have already learned.
Copy them below in the correct order.

עֶשְׂרִים	שֵׁשׁ עֶשְׂרֵה	עֶשְׂרִים וְאַחַת
חֲמֵשׁ עֶשְׂרֵה	אַחַת עֶשְׂרֵה	שְׁלֹשׁ עֶשְׂרֵה
שְׁמוֹנֶה עֶשְׂרֵה	תְּשַׁע עֶשְׂרֵה	עֶשֶׂר
שְׁתֵּים עֶשְׂרֵה	אַרְבַּע עֶשְׂרֵה	שְׁבַע עֶשְׂרֵה

10 ____________	14 ____________	18 ____________
11 ____________	15 ____________	19 ____________
12 ____________	16 ____________	20 ____________
13 ____________	17 ____________	21 ____________

פָּנִים אֶל פָּנִים

יְהוֹשֻׁעַ: בְּאֵיזוֹ שָׁעָה בָּא סַבָּא הַבַּיְתָה?

אִמָּא: הוּא בָּא בְּשָׁעָה שֵׁשׁ.

יְהוֹשֻׁעַ: אַתְּ יוֹדַעַת, אֲנִי אוֹהֵב אֶת סַבָּא.

עֲדִינָה (הָאָחוֹת שֶׁל יְהוֹשֻׁעַ): אֲנִי חוֹשֶׁבֶת שֶׁאַתָּה אוֹהֵב אֶת סַבָּא מִפְּנֵי שֶׁהוּא תָּמִיד נוֹתֵן לְךָ מַתָּנָה.

יְהוֹשֻׁעַ: לֹא נָכוֹן, עֲדִינָה, הוּא לֹא נוֹתֵן לִי תָּמִיד מַתָּנָה.

אִמָּא: אַתָּה יוֹדֵעַ, יְהוֹשֻׁעַ, זֶה לֹא יָפֶה לְבַקֵּשׁ מַתָּנָה מִסַּבָּא.

יְהוֹשֻׁעַ: אִמָּא, לֹא אָמַרְתִּי לְסַבָּא שֶׁהוּא צָרִיךְ לָתֵת לִי מַתָּנָה.

אִמָּא: מָה אָמַרְתָּ לוֹ?

יְהוֹשֻׁעַ: שָׁכַחְתִּי.

עֲדִינָה: אֲנִי לֹא שָׁכַחְתִּי מַה שֶּׁאָמַרְתָּ. אָמַרְתָּ לְסַבָּא: "אִם אֵין לְךָ מַתָּנָה בִּשְׁבִילִי, אַתָּה יָכוֹל לָתֵת לִי כֶּסֶף."

אִמָּא: יְהוֹשֻׁעַ, לֹא יָפֶה לְבַקֵּשׁ מַתָּנָה, וְלֹא יָפֶה לְבַקֵּשׁ כֶּסֶף. אַתָּה צָרִיךְ לְבַקֵּשׁ סְלִיחָה מִסַּבָּא.

שִׁעוּר שְׁמִינִי

ΨΨΨΨΨΨΨΨΨΨΨΨΨΨΨΨΨΨΨΨΨΨΨΨΨΨΨΨΨΨ

Lesson Eight

הֲשָׁבַת אֲבֵדָה

יוֹם אֶחָד, כַּאֲשֶׁר יוֹנָתָן וְגִילָה הָיוּ בַּבַּיִת, שָׁמְעוּ פִּתְאֹם כֶּלֶב נוֹבֵחַ. יוֹנָתָן הָלַךְ לַדֶּלֶת, פָּתַח אֶת הַדֶּלֶת וְרָאָה שָׁם כֶּלֶב לָבָן. הוּא הִכְנִיס אֶת הַכֶּלֶב לַבַּיִת וְקָרָא לָאָחוֹת שֶׁלּוֹ: ״גִילָה, מָצָאתִי כֶּלֶב לָבָן! יֵשׁ לָנוּ כֶּלֶב!״

גִילָה אָמְרָה: ״זֶה לֹא הַכֶּלֶב שֶׁלָּנוּ. אֲנִי חוֹשֶׁבֶת שֶׁאָבַד לְמִישֶׁהוּ כֶּלֶב.״

יוֹנָתָן אָמַר: ״אֲבָל אֲנַחְנוּ לֹא יוֹדְעִים שֶׁל מִי הַכֶּלֶב. אוּלַי הוּא הָיָה כֶּלֶב שֶׁל אִישׁ עָשִׁיר וְיֵשׁ לֶעָשִׁיר עוֹד כֶּלֶב.״

גִילָה: ״אֲנִי לֹא יוֹדַעַת אִם הוּא כֶּלֶב שֶׁל עָשִׁיר אוֹ כֶּלֶב שֶׁל עָנִי, אֲבָל אֲנִי יוֹדַעַת שֶׁצְּרִיכִים לְהָשִׁיב אֶת הַכֶּלֶב.״

יוֹנָתָן: "וְאִם אֲנַחְנוּ לֹא יְכוֹלִים לִמְצֹא אֶת בַּעַל הַכֶּלֶב,
הַאִם הוּא יִהְיֶה הַכֶּלֶב שֶׁלָּנוּ?"
גִּילָה לֹא אָמְרָה דָּבָר.

בָּעֶרֶב, יוֹנָתָן אָמַר לַהוֹרִים שֶׁמָּצָא כֶּלֶב.
אָמְרוּ לוֹ הַהוֹרִים: "מָחָר צְרִיכִים לִמְצֹא אֶת בַּעַל הַכֶּלֶב
מִפְּנֵי שֶׁצְּרִיכִים לְהָשִׁיב אוֹתוֹ."
בַּבֹּקֶר, הָאָב בָּא לַחֶדֶר שֶׁל יוֹנָתָן, נָתַן לוֹ עִתּוֹן וְאָמַר:
"יוֹנִי, בְּבַקָּשָׁה לִקְרֹא." בָּעִתּוֹן הָיָה כָּתוּב:

אָבַד לִי כֶּלֶב לָבָן

בְּיוֹם שֵׁנִי, קָרוֹב לִרְח' שָׁרוֹן.
אִם מָצָאתָ אֶת הַכֶּלֶב
בְּבַקָּשָׁה לְטַלְפֵּן לָאָדוֹן בְּרִין
מִסְפַּר הַטֶּלֶפוֹן: 1234—987

אָמַר הָאָב: "יוֹנִי, אַתָּה צָרִיךְ לְטַלְפֵּן לָאָדוֹן בְּרִין עַכְשָׁו
כִּי אַתָּה יוֹדֵעַ שֶׁצְּרִיכִים לְהָשִׁיב אֲבֵדָה."
יוֹנָתָן קָם וְהָלַךְ לַטֶּלֶפוֹן. הוּא אָמַר לָאָדוֹן בְּרִין לָבוֹא
לִרְחוֹב הַשָּׁרוֹן, מִסְפָּר 27, לָקַחַת אֶת הַכֶּלֶב שֶׁלּוֹ.
אָדוֹן בְּרִין בָּא לַבַּיִת לָקַחַת אֶת הַכֶּלֶב. הוּא רָצָה לָתֵת
שָׂכָר לְיוֹנָתָן.
יוֹנָתָן אָמַר: "תּוֹדָה, אֲבָל צְרִיכִים לְהָשִׁיב אֲבֵדָה בְּלִי
לְקַבֵּל שָׂכָר."
אָדוֹן בְּרִין יָצָא וְהָאָב אָמַר לְיוֹנָתָן: "יָפֶה אָמַרְתָּ, יוֹנִי,
וְאַף עַל פִּי שֶׁלֹּא צְרִיכִים לְקַבֵּל שָׂכָר עַל הֲשָׁבַת אֲבֵדָה,
יִהְיֶה לְךָ כֶּלֶב קָטָן לִכְבוֹד יוֹם הַהוּלֶדֶת שֶׁלְּךָ בַּחֹדֶשׁ
הַבָּא."

מִלּוֹן Word Power

lost property	אֲבֵדָה
perhaps	אוּלַי
although	אַף־עַל־פִּי
owner	בַּעַל
return of lost property	הֲשָׁבַת אֲבֵדָה
month	חֹדֶשׁ, חֳדָשִׁים
birthday	יוֹם הוּלֶדֶת
Monday	יוֹם שֵׁנִי
white (adj., m.)	לָבָן, לְבָנִים
to give back	לְהָשִׁיב
to find	לִמְצֹא (מצא)
someone	מִישֶׁהוּ
he found	מָצָא (מצא)
barks	נוֹבֵחַ (נבח)
he opened	פָּתַח (פתח)
near	קָרוֹב
reward	שָׂכָר

בְּחַר אֶת הַמִּלָּה Choose the Word

Circle the word in parentheses which best completes the sentence.

1 הַמּוֹרָה צְרִיכָה (לָשֶׁבֶת · לְחַכּוֹת · לְהָשִׁיב) אֶת הַחִבּוּרִים.

2 עַל הַשֶּׁלֶט הָיָה (קָדוֹשׁ · כָּתוּב · נִכְבָּד) "בָּרוּךְ הַבָּא".

3 הָאִישׁ (מָצָא · הָיָה · צָחַק) רְכוּשׁ גָּדוֹל בַּמְּעָרָה.

4 מֵאִיר לֹא מְשַׂחֵק כִּי (שָׁמַע · יָצָא · אָבַד) לוֹ הַכַּדּוּר.

5 הָעִתּוֹן לֹא פֹּה; (אוּלַי · לְאַט · בְּלִי) הָעִתּוֹן שָׁם.

6 הוּא (אָמַר · פָּתַח · פָּגַשׁ) אֶת הַסֵּפֶר כִּי רָצָה לִקְרֹא.

7 הֵם קָנוּ מַתָּנָה לִכְבוֹד יוֹם (הַחֹדֶשׁ · הַהוּלֶדֶת · הַמִּשְׁפָּחָה) שֶׁלְּךָ.

מָה הַסּוֹף? *What's the End?*

Put a check mark next to the phrase which best completes each sentence, according to the story.

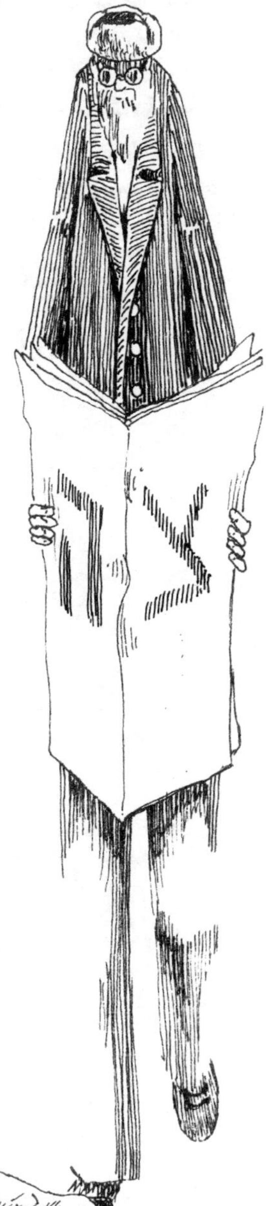

1 יוֹנָתָן פָּתַח אֶת הַדֶּלֶת כִּי...

א הַהוֹרִים שֶׁלּוֹ בָּאוּ הַבַּיְתָה.

ב רָצָה לִמְצֹא אֶת הָאָחוֹת שֶׁלּוֹ.

ג שָׁמַע כֶּלֶב נוֹבֵחַ.

2 גִּילָה אָמְרָה שֶׁצְּרִיכִים לְהָשִׁיב אֶת הַכֶּלֶב כִּי...

א הַכֶּלֶב לֹא שֶׁל יוֹנָתָן.

ב הַכֶּלֶב הָיָה כֶּלֶב עָשִׁיר.

ג אֵין מָקוֹם בַּבַּיִת.

3 בָּעִתּוֹן הָיָה כָּתוּב...

א שֶׁמִּישֶׁהוּ מָצָא כֶּלֶב.

ב שֶׁהַכֶּלֶב הָיָה גָּדוֹל.

ג שֶׁאָבַד לְמִישֶׁהוּ כֶּלֶב.

4 יוֹנָתָן לֹא לָקַח שָׂכָר כִּי יָדַע...

א שֶׁאָדוֹן בְּרִין בָּא לָקַחַת אֶת הַכֶּלֶב.

ב שֶׁצְּרִיכִים לְהָשִׁיב אֲבֵדָה בְּלִי לְקַבֵּל שָׂכָר.

ג שֶׁאָבִיו רוֹצֶה לִקְנוֹת לוֹ כֶּלֶב קָטָן.

A Mind of His Own

Imagine that your friend Debby has a dog called Goliath. Read the sentences which describe what she expected him to do. You can see by the pictures that her dog did not cooperate.

Choose the sentence at the bottom of the page which describes what Goliath really did. Write the sentence in the space next to the picture.

דְבוֹרָה אָמְרָה שֶׁגָלְיַת צָרִיךְ לָלֶכֶת לְאַט.

____

____

____

דְבוֹרָה אָמְרָה שֶׁגָלְיַת צָרִיךְ לִישׁוֹן בַּלַיְלָה.

____

____

____

דְבוֹרָה אָמְרָה שֶׁגָלְיַת צָרִיךְ לָתֵת לְאַבָּא עִתּוֹן.

____

____

____

הוּא נָבַח בַּלַיְלָה. הוּא אָכַל אֶת הָעִתּוֹן. הוּא רָץ מַהֵר.

Debby says גָלְיַת תָּמִיד עוֹשֶׂה מַה שֶׁהוּא רוֹצֶה!

Do you agree?

מַה חָסֵר? *What's Missing?*

Find the Hebrew word which best completes each sentence. Choose words from the Word Box.

1 הָאָב ______ אֶת הָאוֹרֵחַ הַנִּכְבָּד לַבַּיִת.

2 רִינָה רוֹצָה לָשֶׁבֶת ______ לַלּוּחַ.

3 יַעֲקֹב לֹא יָכוֹל ______ אֶת הַכִּפָּה שֶׁלּוֹ.

4 נַחוּם ______ אֶת הַדּוֹד בְּיוֹם שֵׁנִי.

5 רוֹן וְשָׂרָה לֹא ______ בַּחֲנוּת אֶתְמוֹל.

6 מִי גָר בַּבַּיִת הַ______?

7 יוֹנָתָן יָדַע שֶׁצְּרִיכִים לְהָשִׁיב ______.

8 הַמּוֹרֶה ______ אֶת הַדֶּלֶת וְיָצָא.

9 הָאָחוֹת שֶׁלָּהּ בַּת ______ שָׁנִים.

10 סַבְתָּא ______ שֶׁבַּעַל הַכֶּלֶב הָיָה בַּחֶדֶר.

11 הַכֶּלֶב שֶׁלָּנוּ ______ בְּכָל לַיְלָה.

לָבָן
אָמְרָה
לִמְצֹא
פָּתַח
נוֹבֵחַ
הִכְנִיס
הָיוּ
אֲבֵדָה
קָרוֹב
רָאָה
עֶשֶׂר

Copy the words you have written into the vertical spaces in the puzzle and you will discover a birthday greeting in the heavily lined area.

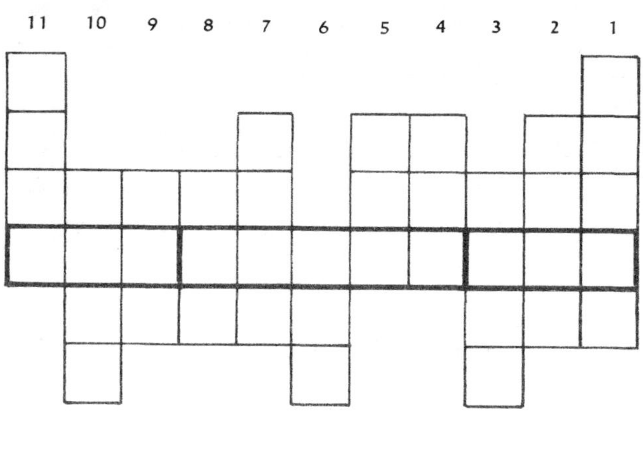

Write the greeting.

____

____

What does it mean? Check your answer on page 124.

מִלּוֹת? *Words?*

Here are the answers to five questions based on the story. Complete the questions by selecting a question word from the Question Box.

1 ______ מָצָא כֶּלֶב? — יוֹנָתָן מָצָא כֶּלֶב.

2 ______ אָמְרָה גִילָה לְיוֹנָתָן? — הִיא אָמְרָה שֶׁצְּרִיכִים לְהָשִׁיב אֶת הַכֶּלֶב.

3 ______ בָּא הָאָב לַחֶדֶר שֶׁל יוֹנָתָן? — הוּא בָּא לַחֶדֶר בַּבֹּקֶר.

4 ______ הָלַךְ יוֹנָתָן לַטֶּלֶפוֹן? — כִּי יוֹנָתָן רָצָה לְטַלְפֵּן לְאָדוֹן בְּרִין.

5 ______ יָדַע הָאָב שֶׁאָבַד לְאָדוֹן בְּרִין כֶּלֶב? — הָאָב קָרָא בָּעִתּוֹן שֶׁאָבַד לְאָדוֹן בְּרִין כֶּלֶב.

Complete the following questions by selecting the correct question word from the Question Box. Next, answer the questions.

1 ______ יוֹם הַיּוֹם? — 1 ______________

2 ______ יְלָדוֹת בַּכִּתָּה? — 2 ______________

3 ______ שָׁנִים הָאָב שֶׁלְּךָ? — 3 ______________

4 ______ שָׁנִים הָאֵם שֶׁלְּךָ? — 4 ______________

5 ______ יֵשׁ לְךָ כֶּלֶב? — 5 ______________

6 ______ אַתָּה גָר? — 6 ______________

______ אַתְּ גָּרָה?

אֵיזֶה יוֹם הַיּוֹם? *What Day is Today?*

אפריל

א	ב	ג	ד	ה	ו	שבת	
	1	2	3	4	5	6	יוֹם
7	8	9	10	11	12	13	
14	15	16	17	18	19	20	שָׁבוּעַ
21	22	23	24	25	26	27	
28	29	30					

חֹדֶשׁ

Sunday	יוֹם רִאשׁוֹן	א׳
Monday	יוֹם שֵׁנִי	ב׳
Tuesday	יוֹם שְׁלִישִׁי	ג׳
Wednesday	יוֹם רְבִיעִי	ד׳
Thursday	יוֹם חֲמִישִׁי	ה׳
Friday	יוֹם שִׁשִּׁי	ו׳
Shabbat	שַׁבָּת	

Ilan had a full schedule last week, as you can see from the English calendar. At the bottom of the page is his schedule in Hebrew — but the order is mixed up.
On the space before each sentence write the correct day.

S	M	T	W	Th	F	S
Mother bakes a cake.	Today is my birthday!	My aunt gave me a gift.	I found money in the street.	The man gave me a reward.	Our guests are coming at 6 P.M.	My father read the Torah.

______ הָאוֹרְחִים שֶׁלָּנוּ בָּאִים בְּשָׁעָה שֵׁשׁ.

______ אִמָּא אוֹפָה עוּגָה.

______ אַבָּא קָרָא בַּתּוֹרָה.

______ הַדּוֹדָה שֶׁלִּי נָתְנָה לִי מַתָּנָה.

______ הָאִישׁ נָתַן לִי שָׂכָר.

______ הַיּוֹם יוֹם הַהוּלֶדֶת שֶׁלִּי.

______ מָצָאתִי כֶּסֶף בָּרְחוֹב.

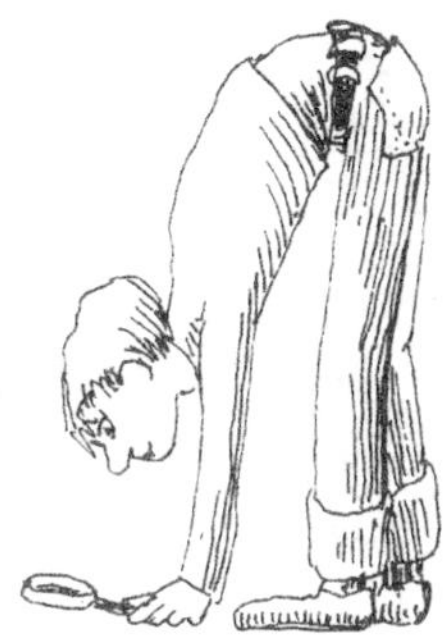

Naomi, her sister Aviva, and her two brothers raised money for צְדָקָה by having a "garage sale." Naomi wrote down what each one sold, but didn't have enough time to write in the verbs.

Unfinished Verbs

Help her by completing each sentence with the correct form of מכר*. The verb patterns below will help you.*

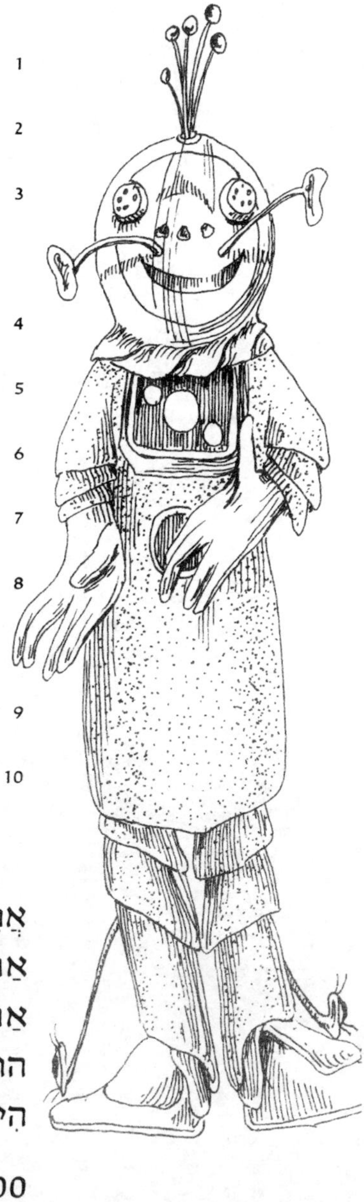

1 נָעֳמִי אָמְרָה: ״אֲנִי ______ אֶת הַמַּתָּנָה שֶׁלִּי.״

2 בָּרוּךְ שָׁאַל: ״מְנַחֵם, הַאִם אַתָּה ______ אֶת הַלּוּחַ?״

3 הַיְלָדִים שָׁאֲלוּ: ״אֲבִיבָה, הַאִם אַתְּ ______ אֶת הַשֻּׁלְחָן?״

4 מְנַחֵם ______ אֶת כָּל הַמַּחְבָּרוֹת.

5 אֲבִיבָה ______ שֻׁלְחָן וְגַם עִתּוֹנִים.

6 הָאַחִים אָמְרוּ: ״אֲנַחְנוּ ______ אֶת כָּל הַסְּחוֹרָה.״

7 אֲבִיבָה אָמְרָה לָאַחִים: ״טוֹב שֶׁאַתֶּם ______ כַּדּוּר.״

8 בָּרוּךְ שָׁאַל אֶת הַיְלָדוֹת: ״הַאִם אַתֶּן ______ אֶת הַבְּגָדִים?״

9 הַיְלָדִים אָמְרוּ שֶׁהֵם ______ גַּם כִּפּוֹת.

10 הַיְלָדוֹת אָמְרוּ שֶׁהֵן ______ אֶת כָּל הַדְּבָרִים.

אֲנִי	□ָ□ַ□ְתִּי	אֲנַחְנוּ	□ָ□ַ□ְנוּ
אַתָּה	□ָ□ַ□ְתָּ	אַתֶּם	□ְ□ַ□ְתֶּם
אַתְּ	□ָ□ַ□ְתְּ	אַתֶּן	□ְ□ַ□ְתֶּן
הוּא	□ָ□ַ□	הֵם	□ָ□ְ□וּ
הִיא	□ָ□ְ□ָה	הֵן	□ָ□ְ□וּ

מַה מַּתְאִים? *What Fits?*

Complete each sentence with the correct form of the verb.

מְסַפֵּר | מְסַפֶּרֶת | מְסַפְּרִים | מְסַפְּרוֹת

1 יוֹנָתָן _____ לְגִילָה שֶׁיֵּשׁ אוֹרֵחַ עַל־יַד הַדֶּלֶת.

2 גִּילָה _____ סִפּוּר לַיְלָדִים הַקְּטַנִּים.

3 הֵם _____ סִפּוּרִים יָפִים.

4 עֲדִינָה וְרוּת _____ לַחֲבֵרוֹת עַל הַחֲגִיגָה.

The verb מְסַפֵּר and some other verbs you have already studied (מְדַבֵּר מְבַקֵּשׁ) use the following verb pattern in the present tense.

אֲנִי אַתָּה הוּא מְ□ַ□ֵּ□   אֲנִי אַתְּ הִיא מְ□ַ□ֶּ□ֶת

אֲנַחְנוּ אַתֶּם הֵם מְ□ַ□ְּ□ִים   אֲנַחְנוּ אַתֶּן הֵן מְ□ַ□ְּ□וֹת

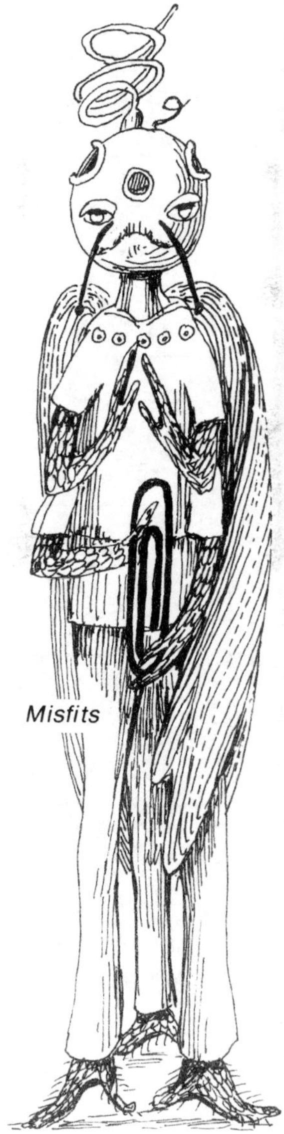

מַה לֹּא מַתְאִים *Misfits*

Find the verb which best completes each sentence. Cross-out the two misfits.

1 סַבְתָּא (מְסַפֵּר · מְסַפֶּרֶת · מְסַפְּרוֹת) סִפּוּר עַכְשָׁו.

2 הַגְּבֶרֶת (מְדַבֶּרֶת · מְדַבֵּר · מְדַבְּרוֹת) רַק אַנְגְּלִית.

3 הַיְלָדִים בְּיִשְׂרָאֵל (מְדַבֵּר · מְדַבְּרִים · מְדַבְּרוֹת) עִבְרִית.

4 הַאִם אַתָּה (מְכַבְּדִים · מְכַבֶּדֶת · מְכַבֵּד) אֶת הַמּוֹרֶה?

5 הַיְלָדוֹת (מְקַבֶּלֶת · מְקַבְּלוֹת · מְקַבְּלִים) בְּגָדִים יָפִים.

בִּינְגּוֹ Bingo

Match the numbers on the right with the correct Hebrew number on the Bingo card.
Write the number in the box corner of the Hebrew equivalent, and ***circle the Hebrew number.***

Match the numbers until you have four circled Hebrew numbers in a row horizontally, vertically or diagonally. That gives you ***Bingo*** *— and you have won!*

שְׁמוֹנֶה עֶשְׂרֵה	שְׁלֹשִׁים וְחָמֵשׁ	חֲמִשִּׁים	אַרְבָּעִים וּשְׁתַּיִם
שְׁמוֹנִים וְאַרְבַּע	עֶשְׂרִים וּשְׁתַּיִם	שְׁלֹשׁ עֶשְׂרֵה	שְׁלֹשִׁים וְשָׁלֹשׁ
עֶשֶׂר	שִׁבְעִים וָשֶׁבַע	מֵאָה	שִׁשִּׁים וְאַחַת
עֶשְׂרִים	שְׁמוֹנִים וְתֵשַׁע	תֵּשַׁע	תִּשְׁעִים וָשֵׁשׁ

9
33
18
100
42
96
10
50
13
89
35
77
20
61
84
22

If you match all the numbers with their Hebrew equivalents, you will have Bingo ten ways! See if you can fill in the entire card.

דַּפְנָה: אִמָּא, אֵיפֹה הַסֵּפֶר שֶׁלִּי?
אִמָּא: אֲנִי לֹא יוֹדַעַת אֵיפֹה הַסֵּפֶר שֶׁלָּךְ.
דַּפְנָה: אָבַד לִי עִפָּרוֹן, אוּלַי יֵשׁ לָךְ עִפָּרוֹן?
אִמָּא: דַּפְנָה, בְּכָל בֹּקֶר אַתְּ לֹא יְכוֹלָה לִמְצֹא אֶת הַסֵּפֶר וְאֶת הָעִפָּרוֹן. אַתְּ צְרִיכָה לִכְתֹּב בַּמַּחְבֶּרֶת אֵיפֹה אַתְּ שָׂמָה אֶת הַדְּבָרִים שֶׁלָּךְ.
דַּפְנָה: טוֹב. הָעֶרֶב אֲנִי צְרִיכָה לָלֶכֶת לַחֶדֶר שֶׁלִּי וְלִכְתֹּב אֵיפֹה אֲנִי שָׂמָה אֶת הַדְּבָרִים שֶׁלִּי.

בָּעֶרֶב דַּפְנָה כָּתְבָה בַּמַּחְבֶּרֶת: הַסֵּפֶר עַל הַכִּסֵּא, הָעִפָּרוֹן עַל הַשֻּׁלְחָן וַאֲנִי יוֹשֶׁבֶת עַל־יַד הַשֻּׁלְחָן.
בַּבֹּקֶר דַּפְנָה קָרְאָה: אִמָּא, בּוֹאִי מַהֵר!

אִמָּא: מַה קָּרָה?
דַּפְנָה: בַּמַּחְבֶּרֶת כָּתוּב: הַסֵּפֶר עַל הַכִּסֵּא וְהָעִפָּרוֹן עַל הַשֻּׁלְחָן.
אִמָּא: נוּ, אֲנִי רוֹאָה שֶׁהַסֵּפֶר עַל הַכִּסֵּא, וְהָעִפָּרוֹן עַל הַשֻּׁלְחָן.
דַּפְנָה: אֲבָל, אִמָּא, בַּמַּחְבֶּרֶת כָּתוּב שֶׁאֲנִי יוֹשֶׁבֶת עַל־יַד הַשֻּׁלְחָן. הָלַכְתִּי לַשֻּׁלְחָן וַאֲנִי לֹא שָׁם. אֵיפֹה אֲנִי, אִמָּא, אֵיפֹה אֲנִי?

שִׁעוּר תְּשִׁיעִי

Lesson Nine

כְּדֵי שֶׁלֹּא לְבַיֵּשׁ

רַבִּי יְחִיאֵל יָצָא מֵהַבַּיִת שֶׁלוֹ וְשָׁכַח לִסְגֹּר אֶת הַדֶּלֶת. כַּאֲשֶׁר שָׁב לַבַּיִת, מָצָא עָנִי עוֹמֵד בַּחֶדֶר וְשָׂם מַשֶּׁהוּ גָּדוֹל תַּחַת הַמְּעִיל שֶׁלוֹ.

רַבִּי יְחִיאֵל יָדַע שֶׁהֶעָנִי לֹא הָיָה גַּנָּב. הֶעָנִי גָּר בְּבַיִת קָטָן קָרוֹב לַבַּיִת שֶׁלוֹ. הָיוּ לוֹ הַרְבֵּה יְלָדִים וְאִשָּׁה חוֹלָה. הוּא יָדַע שֶׁהֶעָנִי לֹא יָכֹל לִמְצֹא עֲבוֹדָה וְלָכֵן בָּא לְבַקֵּשׁ כֶּסֶף.

רַבִּי יְחִיאֵל רָאָה שֶׁהַמְּנוֹרָה שֶׁלוֹ לֹא עָמְדָה בַּמָּקוֹם שֶׁלָּהּ עַל הַשֻּׁלְחָן, וְהֵבִין מַה קָּרָה: כַּאֲשֶׁר בָּא הֶעָנִי לַבַּיִת, לֹא הָיָה אִישׁ בַּחֶדֶר. רָאָה אֶת הַמְּנוֹרָה הַיְקָרָה שֶׁעָמְדָה עַל

הַשֻּׁלְחָן וְלָקַח אוֹתָהּ. חָשַׁב לִמְכֹּר אוֹתָהּ כְּדֵי לִקְנוֹת בַּכֶּסֶף אֹכֶל בִּשְׁבִיל הַמִּשְׁפָּחָה הָעֲנִיָּה שֶׁלּוֹ.

רַבִּי יְחִיאֵל הֵבִין וְלֹא רָצָה לְבַיֵּשׁ אֶת הָאִישׁ.

שָׁאַל רַבִּי יְחִיאֵל: "מַה שְּׁלוֹם הָאִשָּׁה שֶׁלְּךָ? שָׁמַעְתִּי שֶׁהִיא חוֹלָה. אֲנִי רוֹאֶה שֶׁיֵּשׁ לְךָ מַשְׁכּוֹן. כַּמָּה כֶּסֶף אַתָּה רוֹצֶה לְבַקֵּשׁ?"

הָאִישׁ עָמַד וְלֹא דִּבֵּר.

אָמַר רַבִּי יְחִיאֵל: "לָמָּה אַתָּה לֹא מְדַבֵּר? אִם אַתָּה רוֹצֶה כֶּסֶף, תֵּן לִי אֶת הַמַּשְׁכּוֹן וְאֶתֵּן לְךָ כֶּסֶף."

הֶעָנִי לֹא עָנָה, הוֹצִיא אֶת הַמְּנוֹרָה וְשָׂם אוֹתָהּ עַל הַשֻּׁלְחָן.

רַבִּי יְחִיאֵל הִבִּיט בַּמְּנוֹרָה וְאָמַר: "זֹאת הַפַּעַם הָרִאשׁוֹנָה שֶׁאֲנִי רוֹאֶה מְנוֹרָה יָפָה כָּזֹאת. אֱמֹר לִי כַּמָּה כֶּסֶף אַתָּה צָרִיךְ. יֵשׁ לְךָ מַשְׁכּוֹן יָקָר מְאֹד."

הָאִישׁ עָמַד בְּשֶׁקֶט וְלֹא דִּבֵּר.

אָמַר רַבִּי יְחִיאֵל: "לָמָּה אַתָּה לֹא מְדַבֵּר? כַּמָּה כֶּסֶף אַתָּה צָרִיךְ? אֶתֵּן לְךָ חֲמִשִּׁים דּוֹלָר. הִנֵּה הַכֶּסֶף, קַח אוֹתוֹ וָלֵךְ."

הֶעָנִי עָמַד וְלֹא יָכֹל לָקַחַת אֶת הַכֶּסֶף.

רַבִּי יְחִיאֵל שָׂם אֶת הַכֶּסֶף בַּיָּד שֶׁל הָאִישׁ וְאָמַר: "סְלִיחָה, אֲבָל אֲנִי לֹא יָכוֹל לַעֲמֹד פֹּה כָּל הַיּוֹם. קַח אֶת הַכֶּסֶף וָלֵךְ לְךָ לְשָׁלוֹם."

כָּךְ עָשָׂה רַבִּי יְחִיאֵל כְּדֵי שֶׁלֹּא לְבַיֵּשׁ אִישׁ אַחֵר.

מִלּוֹן *Word Power*

אוֹתָךְ	you (f.)
בִּקְשָׁה (בקש)	she asked for
בְּשֶׁקֶט	quietly
גַּנָּב, גַּנָּבִים	thief
דִּבֵּר, דִּבְּרָה	he, she spoke, talked
הִבִּיט בְּ–	he looked at
הֵבִין	he understood
הוֹצִיא	he took out
הַרְבֵּה	many
יָד, יָדַיִם	hand (f.)

כְּדֵי	in order to
כָּךְ	so, thus
לְבַיֵּשׁ	to embarrass
לָכֵן	therefore
לִסְגֹּר (סגר)	to close
מַה שְׁלוֹם____?	how is__?
מְנוֹרָה	candelabrum
מְעִיל	coat, jacket
עֲבוֹדָה	work
תַּחַת	underneath

לָמָּה? מַה? כַּמָּה? *Why? What? How Much?*

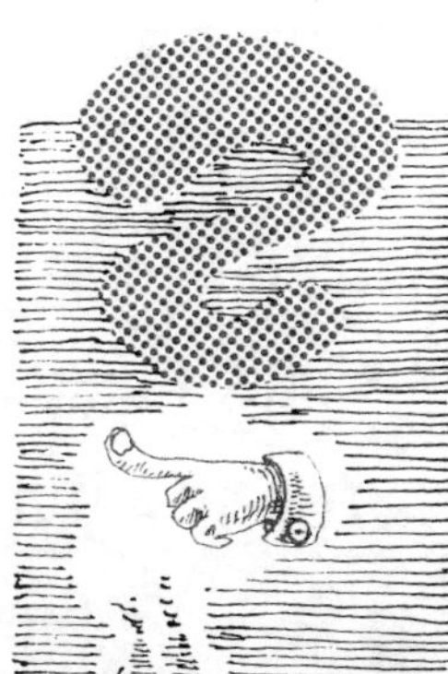

1 לָמָּה בָּא הָאִישׁ לַבַּיִת שֶׁל רַבִּי יְחִיאֵל?
2 מַה שָּׂם הָאִישׁ תַּחַת הַמְּעִיל שֶׁלּוֹ?
3 כַּמָּה יְלָדִים הָיוּ לֶעָנִי?
4 מַה רָצָה הֶעָנִי לַעֲשׂוֹת בַּמְּנוֹרָה?
5 כַּמָּה כֶּסֶף נָתַן רַבִּי יְחִיאֵל לֶעָנִי?
6 לָמָּה אָמַר רַבִּי יְחִיאֵל לָאִישׁ: ״אֲנִי רוֹאֶה שֶׁיֵּשׁ לְךָ מַשְׁכּוֹן?״

Here is a coded message from our Sages. Read each sentence and, based on the story, decide whether it is true or false. Circle the letter in the correct column.

Break the Code

When you complete all the sentences, place each circled letter over the matching number in the coded message.
Watch out! Some letters can be used more than once.

When finished, you will be able to read an important message.

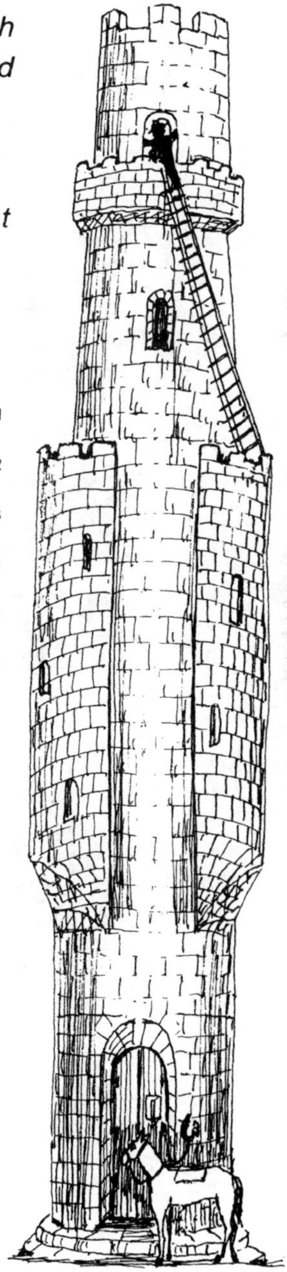

		כֵּן	לֹא
1	רַבִּי יְחִיאֵל שָׁכַח לִסְגֹּר אֶת הַדֶּלֶת.	ו	ש
2	בַּלַּיְלָה בָּא גַּנָּב לַבַּיִת שֶׁל רַבִּי יְחִיאֵל.	ק	א
3	לֶעָנִי הָיוּ הַרְבֵּה יְלָדִים.	ה	י
4	רַבִּי יְחִיאֵל גָּר קָרוֹב לֶעָנִי.	ב	ג
5	הֶעָנִי לֹא יָכֹל לִמְצֹא אֶת הַמְּנוֹרָה.	צ	ת
6	הֶעָנִי אָמַר שֶׁהוּא רוֹצֶה עֲבוֹדָה.	פ	ל
7	רַבִּי יְחִיאֵל נָתַן אֶת הַמְּנוֹרָה לֶעָנִי.	ח	ר
8	רַבִּי יְחִיאֵל לֹא רָצָה לְבַיֵּשׁ אֶת הֶעָנִי.	ע	נ
9	הָאִישׁ רָצָה לִקְנוֹת מְנוֹרָה מֵרַבִּי יְחִיאֵל.	ט	ך
10	רַבִּי יְחִיאֵל הִבִּיט וְלֹא דִבֵּר.	ד	כ
11	רַבִּי יְחִיאֵל שָׂם חֲמִשִּׁים דוֹלָר בַּיָּד שֶׁל הֶעָנִי.	מ	ס

___ ___ ___ ___ ___ ___ ___ ___ ___ ___ ___ ___ ___
9 1 11 10   9 8 7 6   5 4 3 2 1

You can check your answer on page 124.

הַקֶּשֶׁר הָעִבְרִי *The Hebrew Connection*

Check the sentence which best describes the illustration.

( ) הִיא צְרִיכָה לְהָשִׁיב אֶת הָאֲבֵדָה.

( ) הַגַּנָּב עָשָׂה מַעֲשֶׂה רָע.

( ) הַגְּבֶרֶת רוֹצָה לִמְצֹא עֲבוֹדָה.

( ) הַרְבֵּה יְלָדִים בָּאוּ לַבַּיִת.

( ) הָיוּ לוֹ הַרְבֵּה מַתָּנוֹת.

( ) עַל הָעוּגָה יֵשׁ הַרְבֵּה נֵרוֹת.

( ) הַגַּנָּב שָׂם אֶת הַסְּחוֹרָה בַּשַּׂק.

( ) הַגַּנָּב הוֹצִיא אֶת הַמַּשְׁכּוֹן.

( ) הַגַּנָּב חָשַׁב לְבַקֵּשׁ שָׂכָר.

( ) הָאִשָּׁה חוֹלָה.

( ) אִמָּא שׁוֹאֶלֶת: "מַה שְּׁלוֹם אַבָּא?"

( ) הַבַּת מְדַבֶּרֶת בְּשֶׁקֶט.

חַפֵּשׂ אֶת הַמִּלָּה Hunt the Word

Circle the Hebrew word which means the same as the English word or words on the right.

אָדוֹן לֵוִי לֹא הוֹלֵךְ לַעֲבוֹדָה בְּיוֹם רִאשׁוֹן.	1	Sunday
הָאָח פָּתַח אֶת הַסֵּפֶר וְהִבִּיט בַּסֵּפֶר.	2	looked at
מִי יוֹדֵעַ מַה יֵּשׁ בַּיָּד שֶׁלִּי?	3	in the hand
הַדּוֹד נָתַן לָנוּ מְנוֹרָה מִיִּשְׂרָאֵל.	4	candelabrum
הָאִשָּׁה אָמְרָה שֶׁיֵּשׁ גַּנָּב בַּחֲנוּת.	5	thief
הַמּוֹרָה לֹא אוֹהֶבֶת לְבַיֵּשׁ תַּלְמִידִים.	6	to embarrass
שָׁכַחְתִּי לִסְגֹּר אֶת הַסִּדּוּר.	7	to close
לָמָּה אַתָּה לֹא רוֹצֶה לְקַבֵּל אֶת הַמַּשְׁכּוֹן?	8	the security
הִיא לֹא יְכוֹלָה לִמְצֹא אֶת הַכַּרְטִיס.	9	to find
מַה שְּׁלוֹם הָאָחוֹת שֶׁלְּךָ?	10	how is?

כְּתֹב בְּעִבְרִית Write in Hebrew

1. He looked at the sky.
2. Walk quietly! Grandfather is sleeping.
3. He understood the prayer.
4. She wants to close the notebook.
5. Daniel took out a skullcap from his pocket.
6. What is in her hand?
7. On the table there are many books.
8. He is very tired. Therefore, he must rest.
9. How is his friend?
10. She wants money in order to buy bread.

Copy Cat

Today Meir is doing what his brother Judah did yesterday. Read what Meir is doing today and write what Judah did yesterday. Follow the example.

1 מֵאִיר אוֹהֵב אֶת הַשִּׁיר. — יְהוּדָה אָהַב אֶת הַשִּׁיר.

2 מֵאִיר עוֹמֵד עַל־יַד הַלּוּחַ. — יְהוּדָה ____ עַל־יַד הַלּוּחַ.

3 מֵאִיר נוֹתֵן כֶּסֶף לִצְדָקָה. — יְהוּדָה ____ כֶּסֶף לִצְדָקָה.

4 מֵאִיר צוֹחֵק בָּעֶרֶב. — יְהוּדָה ____ בָּעֶרֶב.

5 מֵאִיר גּוֹמֵר אֶת הַחִבּוּר. — יְהוּדָה ____ אֶת הַחִבּוּר.

6 מֵאִיר חוֹשֵׁב לָלֶכֶת לַחֲגִיגָה. — יְהוּדָה ____ לָלֶכֶת לַחֲגִיגָה.

Misfits — מַה לֹּא מַתְאִים?

In each of the following lines, one word does not belong. Cross out the misfit. Do you know why the word is a misfit? Follow the example.

1 שׁוֹאֵל יָדַע עוֹבֵד פּוֹגֵשׁ

2 קוֹנוֹת רוֹאִים שׁוֹתִים עוֹשִׂים

3 לִסְגֹּר לִלְמֹד לִמְכֹּר מְדַבֵּר

4 צָחַק יָשַׁבְתָּ פָּתַח לָקַח

5 יָצְאוּ קָרְאוּ בָּאִים מָצְאוּ

6 הוֹלֶכֶת אָמְרָה גָּמְרָה נָפְלָה

A 'Friendly' Message

Write the correct form of the adjective in each sentence. Next, copy the answer into the puzzle squares to the right of each sentence.
When finished you'll discover a well-known message in the heavily outlined area.

Adjectives must agree with nouns they modify, in number and gender.

1 בַּיָּד שֶׁל הָאִשָּׁה יֵשׁ מַתָּנָה ______. (כָּבֵד)

2 רוּתִי דִבְּרָה עִם יְלָדוֹת ______. (גָדוֹל)

3 לְסַבָּא יֵשׁ הַרְבֵּה סְפָרִים ______. (קָדוֹשׁ)

4 הִיא אוֹהֶבֶת מוֹרָה ______. (שָׂמֵחַ).

5 אֵין לִי דוֹדוֹת ______. (עָשִׁיר)

6 הֵם הָלְכוּ לְחֶדֶר ______ פְּרָחִים. (מָלֵא)

7 הִיא רוֹצָה לִקְנוֹת מְעִיל ______. (לָבָן)

8 לְמָרְדְּכַי יֵשׁ כִּפָּה ______. (חָדָשׁ)

9 כָּל הַתַּלְמִידִים
עוֹשִׂים מַעֲשִׂים ______. (טוֹב)

10 לָמָה אַתָּה חוֹשֵׁב שֶׁהִיא
אִשָּׁה ______? (רַע)

11 רַבִּי יְחִיאֵל הָיָה אִישׁ ______. (צַדִּיק)

12 אֲנָשִׁים ______ גָּרִים בַּבַּיִת הַזֶּה. (זָקֵן)

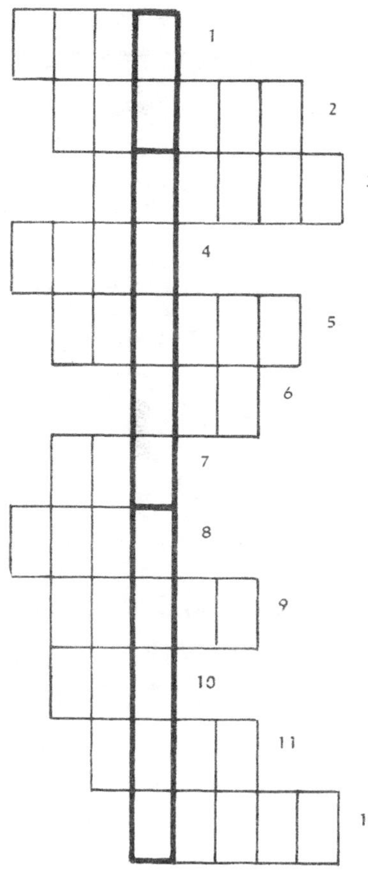

You can check your answer on page 124.

When Was It?

Write עַכְשָׁו *beside the sentences in the present tense.*
Write אֶתְמוֹל *beside the sentences in the past tense.*

1 ______ הוּא **מְדַבֵּר** אַנְגְלִית.

2 ______ דָוִד **מְסַפֵּר** סִפּוּר.

3 ______ הַבֵּן **מְבַקֵּשׁ** יַיִן.

4 ______ הוּא **דִבֵּר** עִבְרִית.

5 ______ דָוִד **סִפֵּר** סִפּוּר.

6 ______ הַבֵּן **בִּקֵּשׁ** מַיִם.

A Helpful Friend

Reuven was absent when the class learned how to use the verbs דִּבֵּר · דִּבְּרָה · דִּבְּרוּ *in the past tense. Help him complete these sentences.*

1 נַחוּם ______ עִם אִמּוֹ.

2 הָאִישׁ עָמַד וְלֹא ______.

3 אֶתְמוֹל אֲבִיבָה ______ עִבְרִית בַּכִּתָּה.

4 הַאִם הִיא ______ בַּטֶּלֶפוֹן בַּבֹּקֶר?

5 לָמָה ______ הַתַּלְמִידִים?

6 הֵם יָשְׁבוּ עַל־יַד הַשֻּׁלְחָן וְ______.

Who Did it?

Check the column which tells who did it.

	רוֹן	רִינָה	רוֹן וְרִינָה
1 דִּבְּרוּ בְּשֶׁקֶט	☐	☐	☐
2 כִּבֵּד אֶת אָבִיו	☐	☐	☐
3 בִּקְשָׁה סְלִיחָה	☐	☐	☐
4 בִּקְשׁוּ אֹכֶל	☐	☐	☐
5 סִפְּרָה סִפּוּר	☐	☐	☐
6 שִׂחֵק בַּכַּדּוּר	☐	☐	☐

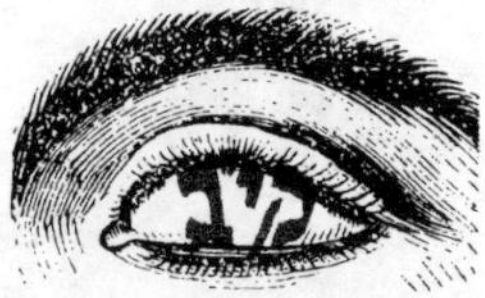

אִמָּא: לָמָה אַתְּ לֹא רוֹצָה לָלֶכֶת עִם תָּמָר לַבַּיִת שֶׁל רוּתִי?

עֲדִינָה: כִּי אֶתְמוֹל תָּמָר דִּבְּרָה וְלֹא יָדְעָה מַה שֶּׁאָמְרָה, וְהַחֲבֵרוֹת שֶׁלִּי צָחֲקוּ.

אִמָּא: מָה אָמְרָה תָּמָר?

עֲדִינָה: רוּתִי שָׁאֲלָה אֶת תָּמָר: "מַה שְּׁלוֹם הַכֶּלֶב שֶׁלָּךְ?" וְתָמָר אָמְרָה: "בְּתֵאָבוֹן."

אִמָּא: לָכֵן אַתְּ לֹא רוֹצָה לָלֶכֶת עִם תָּמָר?

עֲדִינָה: רוּתִי חָשְׁבָה שֶׁתָּמָר בִּקְשָׁה לֶאֱכֹל וְנָתְנָה לְתָמָר עוּגָה. אָמַרְתִּי לְתָמָר: "מָה אוֹמְרִים, תָּמָר?"

אִמָּא: מָה אָמְרָה תָּמָר?

עֲדִינָה: הִיא אָמְרָה "יוֹם הוּלֶדֶת שָׂמֵחַ! עוֹד עוּגָה."

אִמָּא: עֲדִינָה, הַחֲבֵרוֹת שֶׁלָּךְ מְבִינוֹת שֶׁתָּמָר קְטַנָּה. הֵן יוֹדְעוֹת בַּת כַּמָּה תָּמָר.

עֲדִינָה: אוּלַי הֵן יוֹדְעוֹת שֶׁהִיא קְטַנָּה, אֲבָל הַיּוֹם אֲנִי לֹא רוֹצָה לָלֶכֶת עִם תָּמָר.

אִמָּא: מָה עוֹד קָרָה?

עֲדִינָה: אֲנִי נָפַלְתִּי בַּבַּיִת שֶׁל רוּתִי וְתָמָר אָמְרָה: "מַזָּל טוֹב!"

אִמָּא: עַכְשָׁו אֲנִי מְבִינָה. כְּדֵי שֶׁלֹּא לְבַיֵּשׁ אוֹתָךְ הַיּוֹם אַתְּ לֹא צְרִיכָה לָקַחַת אֶת תָּמָר.

שִׁעוּר עֲשִׂירִי

ΨΨΨΨΨΨΨΨΨΨΨΨΨΨΨΨΨΨΨΨΨΨΨΨΨΨΨΨΨΨ

Lesson Ten

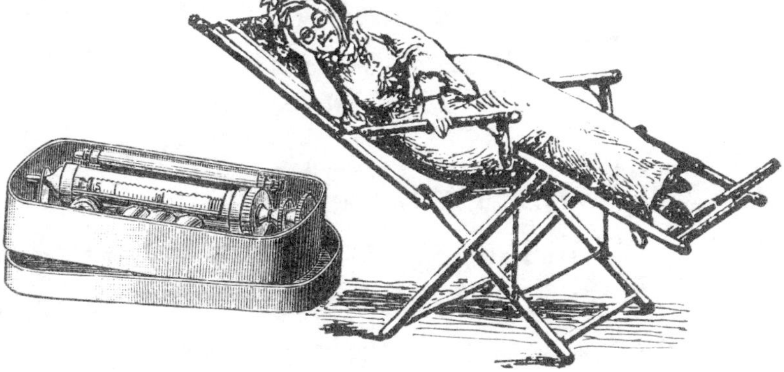

בִּקּוּר חוֹלִים

נַחוּם וְנוּרִית בָּאוּ לַבַּיִת מִבֵּית הַסֵּפֶר וְרָאוּ שֶׁהַהוֹרִים עֲצוּבִים.

״מַה קָּרָה? לָמָה אַתָּה בַּבַּיִת, אַבָּא, וְלֹא בַּעֲבוֹדָה?״ שָׁאֲלוּ הַיְלָדִים.
״אִמָּא וַאֲנִי צְרִיכִים לְבַקֵּר אֶת סַבְתָּא עַכְשָׁו,״ עָנָה הָאָב.
״לָמָה עַכְשָׁו? לֹא שַׁבָּת הַיּוֹם, וְלֹא חַג,״ שָׁאַל נַחוּם.
״דִּבַּרְתִּי עִם סַבְתָּא בַּטֶּלֶפוֹן, וְסִפְּרָה לִי שֶׁהִיא חוֹלָה,״ עָנְתָה הָאֵם.
״אִמָּא, מָתַי דִּבַּרְתְּ עִם סַבְתָּא?״ שָׁאֲלָה נוּרִית.

״הַאִם סַבְתָּא בְּבֵית הַחוֹלִים? הַאִם דִּבַּרְתֶּם עִם הָרוֹפֵא?״ שָׁאַל נַחוּם.
עָנָה הָאָב: ״אִמָּא דִּבְּרָה עִם סַבְתָּא בִּשְׁתַּיִם. דִּבַּרְנוּ עִם הָרוֹפֵא לִפְנֵי שָׁעָה. הוּא סִפֵּר לָנוּ שֶׁבִּקֵּר אֶת סַבְתָּא וְהִיא צְרִיכָה לָנוּחַ בַּבַּיִת. תּוֹדָה לָאֵל, הִיא לֹא בְּבֵית הַחוֹלִים.״

״אִם סַבְתָּא צְרִיכָה לָנוּחַ, לָמָּה אַתֶּם הוֹלְכִים לְבַקֵּר אוֹתָהּ עַכְשָׁו?״ שָׁאֲלָה נוּרִית.
״סַבְתָּא תָּמִיד עוֹזֶרֶת לַאֲנָשִׁים חוֹלִים. רַק אֶתְמוֹל בִּקְּרָה חֲבֵרָה חוֹלָה. הַפַּעַם אֲנַחְנוּ רוֹצִים לַעֲזֹר לָהּ אִם אֶפְשָׁר.״

״הַאִם אֲנַחְנוּ יְכוֹלִים לְבַקֵּר אֶת סַבְתָּא גַּם כֵּן?״ שָׁאֲלוּ הַיְלָדִים.
עָנָה הָאָב: ״אֲנַחְנוּ שְׂמֵחִים שֶׁאַתֶּם רוֹצִים לְקַיֵּם אֶת הַמִּצְוָה שֶׁל בִּקּוּר חוֹלִים, אֲבָל רַק אִמָּא וַאֲנִי הוֹלְכִים הַפַּעַם לְבַקֵּר אֶת סַבְתָּא. אַתֶּם יְכוֹלִים לְבַקֵּר אוֹתָהּ מָחָר.״

״הַאִם אֲנִי יָכוֹל לִשְׁלֹחַ מַתָּנָה לְסַבְתָּא?״ שָׁאַל נַחוּם.
״כֵּן, נַחוּם, אֲנִי חוֹשֵׁב שֶׁהַמַּתָּנָה הַיָּפָה בְּיוֹתֵר שֶׁסַּבְתָּא יְכוֹלָה לְקַבֵּל מִמְּךָ הִיא נְשִׁיקָה וּתְפִלָּה שֶׁסַּבְתָּא תִּהְיֶה בְּרִיאָה.״ אָמַר הָאָב.

״אַבָּא, גַּם אֲנִי רוֹצָה שֶׁסַּבְתָּא תִּהְיֶה בְּרִיאָה, קַח מִמֶּנִּי גַּם כֵּן מַתָּנָה כָּזֹאת!״ אָמְרָה נוּרִית.
״אַתֶּם שׁוֹלְחִים לְסַבְתָּא מַתָּנָה יְקָרָה מְאֹד. סַבְתָּא תִּהְיֶה שְׂמֵחָה לְקַבֵּל אֶת הַמַּתָּנָה הַזֹּאת. וְעַכְשָׁו, יְלָדִים — שָׁלוֹם!״ אָמְרוּ הַהוֹרִים וְיָצְאוּ.

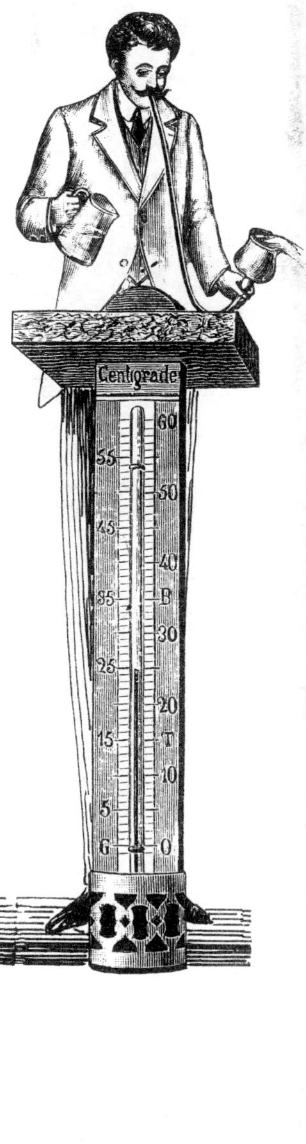

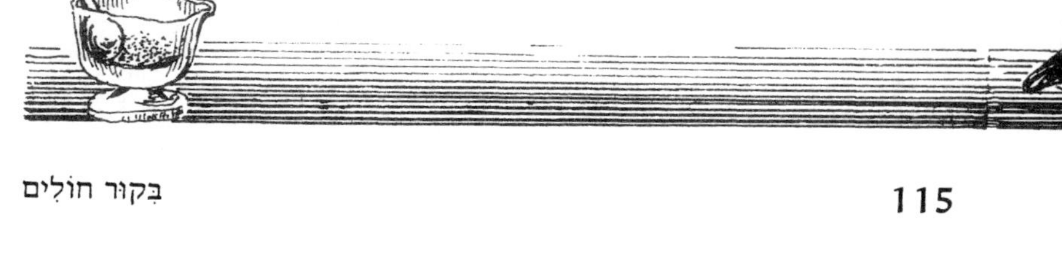

מִלּוֹן Word Power

hospital	בֵּית חוֹלִים
visiting the sick	בִּקּוּר חוֹלִים
he visited	בִּקֵּר, בִּקְּרָה (בקר)
healthy	בְּרִיאָה, בָּרִיא
also	גַּם כֵּן
this time	הַפַּעַם
holiday	חַג, חַגִּים
to visit	לְבַקֵּר (בקר)
to her	לָהּ
to fulfill	לְקַיֵּם (קים)
to send	לִשְׁלֹחַ (שלח)
from you (m.)	מִמְּךָ
from me	מִמֶּנִּי
kiss	נְשִׁיקָה, נְשִׁיקוֹת
she answered	עָנְתָה (ענה)
sad (adj. m.pl.)	עֲצוּבִים, עָצוּב
doctor	רוֹפֵא, רוֹפְאָה
she asked	שָׁאֲלָה, שָׁאֲלוּ (שאל)
send	שׁוֹלְחִים (שלח)
she will be	תִּהְיֶה (היה)
thank God	תּוֹדָה לָאֵל

בְּחַר אֶת הַמִּלָּה Choose the Word

Circle the word in parentheses which best completes the sentence.

1 הַמּוֹרָה (סִפְּרָה · בִּקְּרָה · קִבְּלָה) לָנוּ שֶׁהִיא נָפְלָה.

2 לָמָּה רוֹצִים הַיְלָדִים (לְדַבֵּר · לִסְגֹּר · לִשְׁלֹחַ) פְּרָחִים לָאֵם שֶׁלָּהֶם?

3 בְּבֵית הַחוֹלִים יֵשׁ (לְאַט · הַרְבֵּה · אֵין) אֲנָשִׁים חוֹלִים.

4 מָחָר (חַג · יַחַד · חֹדֶשׁ), לָכֵן אַבָּא לֹא עוֹבֵד.

5 הִיא שׁוֹתָה חָלָב כִּי הִיא רוֹצָה לִהְיוֹת (תְּפִלָּה · אֲרוּחָה · בְּרִיאָה).

6 סַבָּא אוֹהֵב לְקַיֵּם אֶת (הַמַּתָּנָה · הַצְּדָקָה · הַמִּצְוָה) שֶׁל בִּקּוּר חוֹלִים.

מַה הַסּוֹף? What's the End?

Put a check mark next to the phrase which best completes each sentence, according to the story.

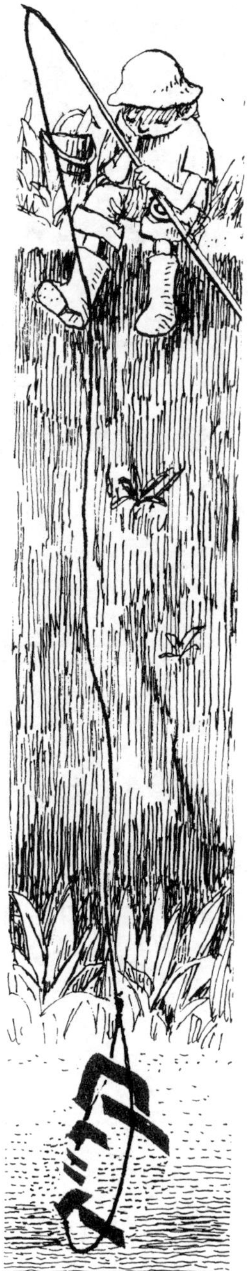

1 הַהוֹרִים הָיוּ עֲצוּבִים...

א כִּי סַבְתָּא לֹא בַּבַּיִת.

ב כִּי סַבְתָּא חוֹלָה.

ג כִּי סַבְתָּא בְּרִיאָה.

2 הָרוֹפֵא אָמַר...

א שֶׁהוּא בִּקֵּר אֶת סַבְתָּא.

ב שֶׁהַיּוֹם לֹא חַג.

ג שֶׁסַּבְתָּא בְּבֵית הַחוֹלִים.

3 הַהוֹרִים רוֹצִים...

א לְקַבֵּל מַתָּנָה טוֹבָה.

ב לָנוּחַ בַּבַּיִת.

ג לְבַקֵּר אֶת סַבְתָּא.

4 נַחוּם וְנוּרִית...

א צְרִיכִים לָתֵת מַתָּנָה לַהוֹרִים.

ב רוֹצִים לְקַיֵּם מִצְוָה.

ג דִּבְּרוּ עִם חֲבֵרָה חוֹלָה.

הֲפָכִים *Opposites*

Hillel's little brother, Shammai, always disagrees with him. Whatever Hillel says, his little brother says the opposite. Here are some things Hillel said.

Write what his brother said. Follow the example. The words you need are in the Word Box.

Word Box
שִׂמְחָה
יוֹצֵא
בְּלִי
אֵין
תַּחַת
לָנוּחַ
צַדִּיק
הִכְנִיס
חוֹלָה

	הִלֵּל הָיָה אוֹמֵר:	**שַׁמַּאי הָיָה אוֹמֵר:**
1	הַמְּנוֹרָה **עַל** הַשֻּׁלְחָן.	הַמְּנוֹרָה ______ הַשֻּׁלְחָן.
2	גְּבֶרֶת כֹּהֵן **בְּרִיאָה.**	גְּבֶרֶת כֹּהֵן ______.
3	הַדּוֹדָה תָּמִיד **עֲצוּבָה.**	הַדּוֹדָה תָּמִיד ______.
4	הִיא אוֹהֶבֶת **לַעֲבֹד.**	הִיא אוֹהֶבֶת ______.
5	הָרַב **הוֹצִיא** אֶת הַתּוֹרָה.	הָרַב ______ אֶת הַתּוֹרָה.
6	בַּחֶדֶר **יֵשׁ** לוּחַ.	בַּחֶדֶר ______ לוּחַ.
7	הָרוֹפֵא **בָּא.**	הָרוֹפֵא ______.

כְּתֹב בְּעִבְרִית *Write in Hebrew*

1 The doctor took money from me.
2 She will be ten years old tomorrow.
3 The king wants to receive a book from you.
4 Their brother works in a hospital.
5 They said "Happy holiday!" and went out.
6 His mother is healthy, but his father is sick.

Check the sentence which best describes the illustration.

( ) הָאִישׁ הוֹלֵךְ לְבַקֵּר חָבֵר בְּיִשְׂרָאֵל.

( ) הוּא אוֹהֵב לָנוּחַ בַּבַּיִת.

( ) הוּא עָצוּב כִּי יֵשׁ לוֹ הַרְבֵּה עֲבוֹדָה.

( ) הָאִשָּׁה חוֹלָה וְלָכֵן הִיא בַּבַּיִת.

( ) הָאִשָּׁה לֹא יְכוֹלָה לִסְגֹּר אֶת הַדֶּלֶת.

( ) הָאִשָּׁה רוֹצָה לִשְׁלֹחַ מַתָּנָה.

( ) הֵם חוֹשְׁבִים שֶׁהֵם חוֹלִים.

( ) אֵין לָהֶם מָקוֹם לְשַׂחֵק.

( ) הֵם אֲנָשִׁים בְּרִיאִים.

( ) הִיא רוֹצָה לְקַיֵּם מִצְוָה.

( ) הִיא עוֹזֶרֶת לָאֵם בַּבַּיִת.

( ) הִיא רוֹצָה לְקַבֵּל מְעִיל חָדָשׁ.

Secret Network

Find the right place to write the Hebrew words for the following English words. When you are finished, all the Hebrew words will fit into the Secret Network.

The Hebrew for "hospital" has been written in to help you get started. It should give you clues to find a five letter word that begins with בּ and another five letter word that has וֹ as its middle letter. Each word fits correctly in *only one place.*

3 letter words	**4 letter words**	**5 letter words**	**6 letter words**
he asked for	this time	he prayed	we walk
room	doctor	healthy (f.s.)	we send
he was	she spoke	work	
to them (m.)	he honors	the guest	
	from me	party	
	to close		
	street		

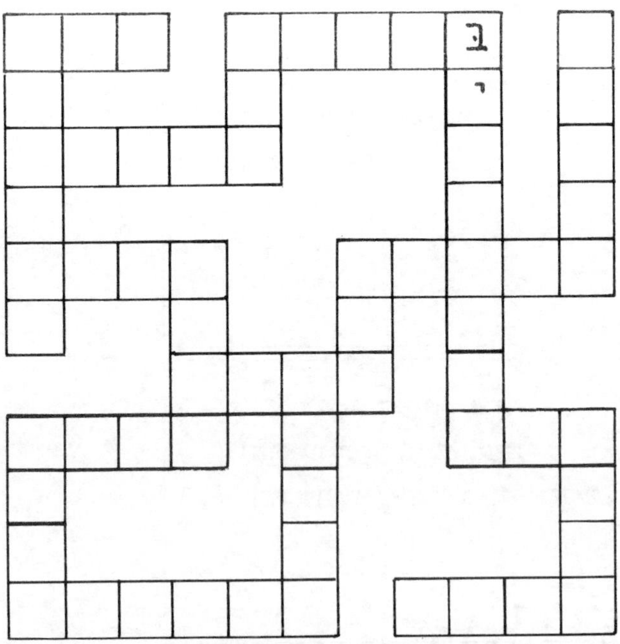

Check your answer on page 124.

עָבָר Past Tense

This chart shows all forms of the verb דבר *in the past.*

זָכָר

suffix	root	pronoun
תִּי	דִבַּרְ	אֲנִי
תָּ	דִבַּרְ	אַתָּה
	דִבֵּר	הוּא
נוּ	דִבַּרְ	אֲנַחְנוּ
תֶּם	דִבַּרְ	אַתֶּם
וּ	דִבְּר	הֵם

נְקֵבָה

suffix	root	pronoun
תִּי	דִבַּרְ	אֲנִי
תְּ	דִבַּרְ	אַתְּ
ה	דִבְּרָ	הִיא
נוּ	דִבַּרְ	אֲנַחְנוּ
תֶּן	דִבַּרְ	אַתֶּן
וּ	דִבְּר	הֵן

מַה מַּתְאִים? What Fits?

Complete the sentences with the correct form of the verb קבל.

קִבַּלְתִּי | קִבַּלְתָּ | קִבַּלְתְּ | קִבֵּל | קִבְּלָה

קִבַּלְנוּ | קִבַּלְתֶּם | קִבַּלְתֶּן | קִבְּלוּ | קִבְּלוּ

1 אֲנִי ______ כֶּלֶב גָּדוֹל.

2 הַאִם אַתָּה ______ סֵפֶר עִבְרִי?

3 הַאִם אַתְּ ______ מְעִיל לָבָן?

4 אַמְנוֹן ______ כִּפָּה יָפָה.

5 עַלִיזָה ______ מְנוֹרָה קְטַנָּה.

6 אֲנַחְנוּ ______ הַרְבֵּה כֶּסֶף.

7 הַאִם אַתֶּם ______ מַתָּנוֹת יְקָרוֹת?

8 הַאִם אַתֶּן ______ פְּרָחִים לִכְבוֹד שַׁבָּת?

9 יוֹנָתָן וְדָוִד ______ סִדּוּרִים מִיִּשְׂרָאֵל.

10 לֵאָה וְרָחֵל ______ בְּגָדִים חֲדָשִׁים לִכְבוֹד הַחַג.

Here is a chart of the suffixes and pronouns used for **all verbs** in the **past tense.**

זָכָר		נְקֵבָה	
אֲנִי	□□□תִּי	אֲנִי	□□□תִּי
אַתָּה	□□□תָּ	אַתְּ	□□□תְּ
הוּא	□□□	הִיא	□□□ָה
אֲנַחְנוּ	□□□נוּ	אֲנַחְנוּ	□□□נוּ
אַתֶּם	□□□תֶּם	אַתֶּן	□□□תֶּן
הֵם	□□□וּ	הֵן	□□□וּ

בְּחַר אֶת הַפֹּעַל *Choose the Verb*

Circle the verb in parentheses which best completes the sentences.

1 אֶתְמוֹל גִּדְעוֹן (שִׂחַקְתָּ · שִׂחַקְתְּ · שִׂחֵק) כַּדּוּר־רֶגֶל.

2 הַאִם אַתָּה (בִּקַּשְׁתָּ · בִּקַּשְׁתְּ · בִּקַּשְׁתֶּם) שָׂכָר?

3 רְאוּבֵן וְשִׁמְעוֹן (חִלֵּק · חִלְּקוּ · חִלַּקְתֶּם) אֶת הַתְּבוּאָה.

4 אֲנִי (מִהַרְתִּי · מִהַרְנוּ · מִהֵר) לָלֶכֶת לְבֵית הַסֵּפֶר.

5 לָמָּה אַתְּ (סִפַּרְתָּ · סִפַּרְתִּי · סִפַּרְתְּ) סִפּוּר עָצוּב?

6 הַאִם אַתֶּם (דִּבֵּר · דִּבַּרְתֶּם · דִּבְּרוּ) אַנְגְּלִית?

7 הַתַּלְמִידוֹת (בִּקַּרְנוּ · בִּקְּרָה · בִּקְּרוּ) אֶת הַמּוֹרָה.

8 בָּעֶרֶב אֲנַחְנוּ (בִּקְּרוּ · בִּקַּרְתִּי · בִּקַּרְנוּ) חֲבֵרִים.

9 בַּתְיָה (כִּבֵּד · כִּבַּדְתָּ · כִּבְּדָה) אֶת הַהוֹרִים שֶׁלָּהּ.

10 הָרַב לֹא (בִּיְּשָׁה · בִּיֵּשׁ · בִּיְּשׁוּ) אֶת הֶעָנִי.

פָּנִים אֶל פָּנִים Person to Person

אֱלִישָׁע: לָמָּה אַתָּה לֹא הוֹלֵךְ לְבַקֵּר אֶת הַדּוֹדָה הַיּוֹם?

יוֹאָב: הַדּוֹדָה לֹא שְׂמֵחָה כַּאֲשֶׁר אֲנִי מְבַקֵּר אוֹתָהּ.

אֱלִישָׁע: אֵיךְ אַתָּה יוֹדֵעַ אֶת זֶה?

יוֹאָב: לִפְנֵי שָׁבוּעַ, בִּקַּרְתִּי אוֹתָהּ וְשִׂחַקְתִּי בַּבַּיִת שֶׁלָּהּ. הִיא אָמְרָה לִי: "אִי־אֶפְשָׁר לְשַׂחֵק בַּבַּיִת." אָז דִּבַּרְתִּי בַּטֶּלֶפוֹן וְהִיא אָמְרָה לִי: "אִי־אֶפְשָׁר לְדַבֵּר בַּטֶּלֶפוֹן." כַּאֲשֶׁר מִהַרְתִּי לַשֻּׁלְחָן, הִיא אָמְרָה לִי: "אָסוּר לְמַהֵר לַשֻּׁלְחָן." אָז אָמְרָה: "יוֹאָב, הַאִם אַתָּה רוֹצֶה לַעֲשׂוֹת מַעֲשֶׂה טוֹב?" עָנִיתִי: "כֵּן."

אֱלִישָׁע: מָה בִּקְּשָׁה?

יוֹאָב: אָמְרָה לִי: "יוֹאָב, בְּבַקָּשָׁה לָלֶכֶת הַבַּיְתָה."

אֱלִישָׁע: אֲנִי לֹא מֵבִין. הַאִם זֶה מַעֲשֶׂה טוֹב?

יוֹאָב: כֵּן, זֶה הוּא הַמַּעֲשֶׂה הַטּוֹב בְּיוֹתֵר שֶׁאֲנִי יָכוֹל לַעֲשׂוֹת בִּשְׁבִיל הַדּוֹדָה.

תְּשׁוּבוֹת לַחִידוֹנִים *Answers to Puzzles*

עמוד 16 שַׁבָּת שָׁלוֹם!

27 The secret letter is ה.

35 כִּבּוּד אֵם

46 כִּבּוּד אָב

47 כַּבֵּד אֶת אָבִיךָ וְאֶת אִמֶּךָ.

57 לְשָׁנָה הַבָּאָה בִּירוּשָׁלַיִם!

97 יוֹם הוּלֶדֶת שָׂמֵחַ.

107 וְאָהַבְתָּ לְרֵעֲךָ כָּמוֹךָ.

111 כָּל יִשְׂרָאֵל חֲבֵרִים.

ת	ו	י	ה	ל		ה	ש	ו	ע
פ				ק		י			י
ו			ה	נ	ש	ה	ש	א	ר
ח	ק	ל		ו			ו		
י				ת		ה	ק	ד	צ
ם			ב						
	ד	ו	ב	כ	ל		ן	ת	נ
ג			ק		ק				ד
ש			ש		ב				ב
ם	ו	י	ה		ל	ל	פ	ת	ה

עמוד 12

ש	ק	ב		ה	א	י	ר	ב		ע
ו				י				י		ב
ל	ל	פ	ת	ה				ת		ו
ח								ח		ד
י	נ	מ	מ			ח	ר	ו	א	ה
ם			כ			ד		ל		
			ב	ו	ח	ר		י		
ה	ר	ב	ד		ג			ם	ה	ל
פ					י					ס
ע					ג					ג
ם	י	כ	ל	ו	ה		א	פ	ו	ר

עמוד 120

רְשִׁימַת מִילִים Word List

Abbreviations: *m.*=masculine *f.*=feminine *s.*=singular *pl.*=plural

א

אָב, אָבִיו	father, his father
אָבַד לוֹ, אָבַד לִי	he lost, I lost
אֲבֵדָה	lost property
אֲבָל	but
אֶבֶן	stone — *f.*
אָהַב, אוֹהֵב, לֶאֱהֹב	loved
אַהֲבָה, אַהֲבַת	love, love of
אֶהְיֶה, יִהְיֶה, תִּהְיֶה, לִהְיוֹת	I shall be, he will be, she will be
אוֹ	or
אוּלַי	perhaps
אוֹרֵחַ, אוֹרְחִים	visitor(s)
אוֹתָהּ, אוֹתָךְ	her, you — *f.s.*
אוֹתוֹ, אוֹתָם	him, them — *m.*
אָז	then
אָח, אַחִים	brother(s)
אָחוֹת	sister
אַחֵר	another
אַחַת עֶשְׂרֵה	eleven
אֵיךְ	how
אִישׁ, אֲנָשִׁים	man, men
אֹכֶל	food
אָכַל, אוֹכֵל, לֶאֱכֹל	ate
אֶלֶף	thousand
אֵם, אִמּוֹ	mother, his mother
אִם	if
אָמַר, אוֹמֵר, לֵאמֹר	said
אַף־עַל־פִּי	although
אֶפְשָׁר, אִי־אֶפְשָׁר	possible, impossible
אַרְבָּעָה, אַרְבַּע	four — *m., f.*
אַרְבַּע עֶשְׂרֵה	fourteen
אִשָּׁה, נָשִׁים	woman, women
אַתֶּם, אַתֶּן	you — *m.pl., f.pl.*
אֶתְמוֹל	yesterday
אֶתֵּן (נתן)	I shall give

ב

בָּא, בָּא, לָבוֹא	came
בֶּאֱמֶת	really, truly
בְּבַקָּשָׁה	please
בְּגָדִים	clothing
בַּדֶּרֶךְ	on the way
בֵּינֵיהֶם	between them
בֵּית הַמִּקְדָּשׁ	the Temple
בֵּית חוֹלִים	hospital
בְּלִי	without
בֵּן, בְּנוֹ	son, his son
בָּנָה, בּוֹנֶה, לִבְנוֹת	built
בֶּן עֶשֶׂר שָׁנִים	ten years old
בַּעַל	owner
בִּקּוּר חוֹלִים	visiting the sick
בֹּקֶר	morning
בִּקֵּר, מְבַקֵּר, לְבַקֵּר	visited
בִּקֵּשׁ, מְבַקֵּשׁ, לְבַקֵּשׁ	asked for
בָּרִיא, בְּרִיאָה	healthy — *m.s., f.s.*
בִּשְׁבִיל	for
בְּשֶׁקֶט	quietly

ג

גַּם כֵּן	also
גָּמַר, גּוֹמֵר, לִגְמֹר	finished
גַּנָּב, גַּנָּבִים	thief, thieves
גָּר, גָּר, לָגוּר	lived

ד

דָּבָר, דְּבָרִים	thing(s)
דִּבֵּר, מְדַבֵּר, לְדַבֵּר	spoke
דֶּלֶת	door
דַּקָּה, דַּקּוֹת	minute(s)

ה

הִבִּיט בְּ־	looked at
הֵבִין	understood
הַהוּא	that one — *m.s.*
הֹוֶה	present tense
הוֹצִיא	took out
הוֹרִים	parents
הָיָה, הָיְתָה, הָיוּ	was—*m.s., f.s.;* were—*m. and f.pl.*.
הָיָה לְ־	became
הַיּוֹם	today
הִכְנִיס	he brought in
הַכְנָסַת אוֹרְחִים	hospitality
הָלַךְ, הוֹלֵךְ, לָלֶכֶת	went, walked
הַפַּעַם	this time
הַרְבֵּה	many
הֲשָׁבַת אֲבֵדָה	return of lost property
הִתְפַּלֵּל, מִתְפַּלֵּל	prayed, prays

ז

זֶה אֶל זֶה	to one another
זָקֵן, זְקֵנִים	old, old man, old people

ח

חָבֵר, חֲבֵרָה	friend — *m., f.*
חַג, חַגִּים	holiday(s)
חֲגִיגָה	party, celebration
חֶדֶר, חֲדָרִים	room(s)
חָדָשׁ	new
חֹדֶשׁ, חֳדָשִׁים	month(s)
חוֹלֶה, חוֹלָה	sick — *m., f.*
חוּמָשׁ	five books of Moses
חָזָק, חֲזָקִים	strong — *m.s., m.pl.*
חָכָם, חֲכָמִים	wise, wise men, wise people
חֵלֶק, חֲלָקִים	part(s), portion(s)
חִלֵּק, מְחַלֵּק, לְחַלֵּק	divided
חֲמִשָּׁה, חָמֵשׁ	five
חֲמֵשׁ עֶשְׂרֵה	fifteen
חָשַׁב, חוֹשֵׁב, לַחֲשׁוֹב	thought *(verb)*

ט

טוֹב, טוֹבִים	good — *m.s., m.pl.*
טֶלֶפוֹן	telephone *(noun)*
טִפֵּשׁ	foolish, foolish person

י

יָד, יָדַיִם	hand(s)
יָדַע, יוֹדֵעַ, לָדַעַת	knew
יוֹם הוּלֶדֶת	birthday
יוֹתֵר	more
יַחַד	together
יָכוֹל, יְכוֹלִים	can, is able, may
יָצָא, יוֹצֵא, לָצֵאת	went out
יָקָר, יְקָרִים	expensive, precious
יָרַשׁ, יוֹרֵשׁ, לָרֶשֶׁת	inherited
יָשַׁב, יוֹשֵׁב, לָשֶׁבֶת	sat
יָשַׁן, יָשֵׁן, לִישׁוֹן	slept

כ

כַּאֲשֶׁר	when
כָּבֵד, כְּבֵדִים	heavy
כִּבֵּד, מְכַבֵּד, לְכַבֵּד	honored *(verb)*
כָּבוֹד, כִּבּוּד	respect, honor *(noun)*
כְּדֵי	in order to
כִּי	because
כָּךְ	so, thus
כַּמָּה	how much, how many
כְּמוֹ	like, as
כֶּסֶף	money
כָּעַס, כּוֹעֵס, לִכְעֹס	was angry
כָּתוּב	written

ל

לְאַט	slowly
לֵב	heart
לְבַיֵּשׁ	to embarrass
לָבָן, לְבָנִים	white
לָדַעַת (ידע)	to know
לָהּ	to her
לִהְיוֹת (היה)	to be
לְהַכִּיר	to know, to meet
לָהֶם, לָכֶם	to them, to you — *m.pl.*
לְהָשִׁיב (שוב)	to give back
לְחַכּוֹת (חכה)	to wait
לַיְלָה	night — *m.*
לִישׁוֹן (ישן)	to sleep
לִכְבוֹד	in honor of
לָכֵן	therefore

studied	לָמַד, לוֹמֵד, לִלְמֹד
why	לָמָּה
to us	לָנוּ
to rest	לָנוּחַ (נוח)
to close	לִסְגֹּר (סגר)
to do	לַעֲשׂוֹת (עשה)
before, in front of	לִפְנֵי
to go out	לָצֵאת (יצא)
to get up	לָקוּם (קום)
took	לָקַח, לוֹקֵחַ, לָקַחַת
to fulfill	לְקַיֵּם (קים)
to buy	לִקְנוֹת (קנה)
to see	לִרְאוֹת (ראה)
to sit	לָשֶׁבֶת (ישב)
to give	לָתֵת (נתן)

מ

very	מְאֹד
hundred(s)	מֵאָה, מֵאוֹת
understand(s) — *m.*	מֵבִין
why	מַדּוּעַ
quickly	מַהֵר
hurried	מִהֵר, מְמַהֵר, לְמַהֵר
how is ___?	מַה שְּׁלוֹם ___?
congratulations	מַזָּל טוֹב
tomorrow	מָחָר
telephones, to telephone	מְטַלְפֵן, לְטַלְפֵן
water	מַיִם
someone	מִישֶׁהוּ
sold	מָכַר, מוֹכֵר, לִמְכֹּר
full	מָלֵא
word	מִלָּה
from you — *m.s.*, from me	מִמְּךָ, מִמֶּנִּי
from, of	מִן
candelabrum	מְנוֹרָה
number(s)	מִסְפָּר, מִסְפָּרִים
coat	מְעִיל
deed(s), action(s)	מַעֲשֶׂה, מַעֲשִׂים
because	מִפְּנֵי שֶׁ־
found	מָצָא, מוֹצֵא, לִמְצֹא
religious commandment	מִצְוָה
is ringing	מְצַלְצֵל
place	מָקוֹם
something	מַשֶּׁהוּ
security	מַשְׁכּוֹן
family	מִשְׁפָּחָה
sweet	מָתוֹק, מְתוּקִים
when	מָתַי
gift	מַתָּנָה

נ

donation(s)	נְדָבָה, נְדָבוֹת
barks	נוֹבֵחַ
honored, respected	נִכְבָּד
correct	נָכוֹן
went (by car), travelled	נָסַע, נוֹסֵעַ, לִנְסֹעַ
fell	נָפַל, נוֹפֵל, לִנְפֹּל
women	נָשִׁים
kiss(es)	נְשִׁיקָה, נְשִׁיקוֹת
gave	נָתַן, נוֹתֵן, לָתֵת
I gave, you gave — *m.pl.*	נָתַתִּי, נְתַתֶּם (נתן)

ס

closed	סָגַר, סוֹגֵר, לִסְגֹּר
merchant(s)	סוֹחֵר, סוֹחֲרִים
merchandise	סְחוֹרָה
forgiveness, pardon me	סְלִיחָה
story(ies)	סִפּוּר, סִפּוּרִים
told	סִפֵּר, מְסַפֵּר, לְסַפֵּר

ע

worked	עָבַד, עוֹבֵד, לַעֲבֹד
work *(noun)*	עֲבוֹדָה
past tense	עָבָר
more, once again	עוֹד, עוֹד פַּעַם
helped	עָזַר, עוֹזֵר, לַעֲזֹר
tired	עָיֵף, עֲיֵפִים
city	עִיר
now	עַכְשָׁו
next to	עַל־יַד
with	עִם
stood	עָמַד, עוֹמֵד, לַעֲמֹד
answered	עָנָה, עוֹנֶה, לַעֲנוֹת
poor — *m.s, f.s.*, poor people	עָנִי, עֲנִיָּה, עֲנִיִּים
sad	עָצוּב, עֲצוּבִים
evening	עֶרֶב

עָשָׂה, עוֹשֶׂה, לַעֲשׂוֹת	did, made
עָשִׂיתִי (עשה)	I did, I made
עָשִׁיר, עֲשִׁירִים	rich, rich man, rich people
עֲשָׂרָה, עֶשֶׂר	ten
עֶשְׂרִים	twenty
עִתּוֹן, עִתּוֹנִים	newspaper

פ

פָּגַשׁ, פּוֹגֵשׁ, לִפְגֹּשׁ	met
פֹּה	here
פַּעַם	once
פָּשׁוּט	simple, ordinary
פִּתְאֹם	suddenly
פָּתַח, פּוֹתֵחַ, לִפְתֹּחַ	opened

צ

צַדִּיק, צַדִּיקִים	righteous man, righteous people
צְדָקָה	charity
צָחַק, צוֹחֵק, לִצְחֹק	laughed
צָרִיךְ, צְרִיכִים	has to, must

ק

קָדוֹשׁ	holy
קָם, קָם, לָקוּם	got up
קָנָה, קוֹנֶה, לִקְנוֹת	bought
קָרָא, קוֹרֵא, לִקְרֹא	read, called
קָרָה	happened
קָרוֹב	near

ר

רָאָה, רוֹאֶה, לִרְאוֹת	saw
רָאוּ, רָאִינוּ, רָאִיתִי (ראה)	they saw, we saw, I saw
רִאשׁוֹן, רִאשׁוֹנָה	first
רַב, רַבִּי	rabbi
רוֹפֵא, רוֹפְאָה	doctor — *m., f.*
רְכוּשׁ	possessions, wealth
רַע, רָעִים	bad — *m.s., m.pl.*
רָץ, רָץ, לָרוּץ	ran
רָצָה, רוֹצֶה, לִרְצוֹת	wanted
רַק	only

ש

שָׁאַל, שׁוֹאֵל, לִשְׁאֹל	asked
שָׁב, שָׁב, לָשׁוּב	returned
שֵׁב! (ישב)	sit!
שָׁבוּעַ	week
שֶׁבַע	seven
שְׁבַע עֶשְׂרֵה	seventeen
שָׂדֶה, שָׂדוֹת	field(s)
שׁוּק	market
שִׂחֵק, מְשַׂחֵק, לְשַׂחֵק	played
שָׁכַח, שׁוֹכֵחַ, לִשְׁכֹּחַ	forgot
שָׂכָר	reward
שֶׁלָּהֶם, שֶׁלָּנוּ	theirs, ours
שָׁלַח, שׁוֹלֵחַ, לִשְׁלֹחַ	sent
שְׁלֹשָׁה, שָׁלֹשׁ	three
שְׁלֹשׁ עֶשְׂרֵה	thirteen
שָׁם	there
שָׂם, שָׂם, לָשִׂים	put
שְׁמוֹנָה, שְׁמוֹנֶה	eight
שְׁמוֹנֶה עֶשְׂרֵה	eighteen
שָׂמֵחַ, שְׂמֵחִים	happy
שָׁמַיִם	sky
שָׁמַע, שׁוֹמֵעַ, לִשְׁמֹעַ	heard
שַׁמָּשׁ	shamash, sexton
שָׁנָה, שָׁנִים	year(s)
שָׁעָה, שָׁעוֹת	hour(s)
שַׂק, שַׂקִּים	sack(s)
שָׁר, שָׁר, לָשִׁיר	sang
שִׁשָּׁה, שֵׁשׁ	six
שֵׁשׁ עֶשְׂרֵה	sixteen
שְׁתֵּי, שְׁתַּיִם	two
שְׁתֵּים עֶשְׂרֵה	twelve

ת

תְּבוּאָה	grain
תִּהְיֶה (היה)	she will be
תּוֹדָה לָאֵל	thank God
תּוֹדָה רַבָּה	thank you very much
תַּחַת	under
תָּמִיד	always
תַּפּוּחַ, תַּפּוּחִים	apple(s)
תְּפִלָּה, תְּפִלּוֹת	prayer(s)
תֵּשַׁע	nine